DE LA

DÉTENTION PRÉVENTIVE

ET DE LA CÉLÉRITÉ

DANS LES PROCÉDURES CRIMINELLES

EN FRANCE ET EN ANGLETERRE ;

PAR

M. Ernest BERTRAND,

Juge d'instruction au Tribunal de la Seine.

PARIS
IMPRIMERIE ET LIBRAIRIE GÉNÉRALE DE JURISPRUDENCE.
COSSE ET MARCHAL, IMPRIMEURS-ÉDITEURS,
LIBRAIRES DE LA COUR DE CASSATION,
Place Dauphine, 27.

1862

DE LA

DÉTENTION PRÉVENTIVE

EN FRANCE

ET EN ANGLETERRE

Nota. N'ayant pu me procurer le texte anglais des Commentaires de Blackstone, je me suis servi de la traduction D. G***, Bruxelles, 1774. C'est à cette édition que je renvoie. Les autres documents ont été traduits sur les textes originaux.

DE LA

DÉTENTION PRÉVENTIVE

ET DE LA CÉLÉRITÉ

DANS LES PROCÉDURES CRIMINELLES

EN FRANCE & EN ANGLETERRE

PAR

M. ERNEST BERTRAND

Juge d'instruction au tribunal de la Seine

PARIS

IMPRIMERIE ET LIBRAIRIE GÉNÉRALE DE JURISPRUDENCE

COSSE ET MARCHAL, IMPRIMEURS-ÉDITEURS

LIBRAIRES DE LA COUR DE CASSATION

Place Dauphine, 27

1862

AVERTISSEMENT

Depuis longtemps, en entendant exalter outre mesure les lois anglaises sur la procédure criminelle préliminaire, en les entendant placer bien au-dessus des lois françaises sous le rapport de la célérité et de l'humanité envers les inculpés, j'avais conçu le projet de publier un exposé succinct de ces lois. Il me semblait que c'était le moyen le plus simple et le plus sûr de prouver la supériorité des lois françaises. Les lois anglaises ne sont vantées en France que parce qu'elles n'y sont pas bien connues. Il y a quelques mois, des circonstances particulières, qu'il est inutile de rappeler ici, ayant appelé plus vivement l'attention sur la durée des détentions préventives et des procédures criminelles en France, des discussions s'élevèrent sur l'utilité que pourrait avoir l'adoption, au moins partielle, du système anglais. Dans ces discussions, on émettait de part et d'autre de graves erreurs sur la portée et sur l'exécution pratique des lois anglaises et même des lois françaises, et sur les conséquences probables des réformes demandées. Je pensai que le moment était venu de réaliser mon projet et que, pour ne pas laisser l'opinion publique s'égarer, il importait de montrer par un examen comparatif l'infériorité réelle des lois anglaises, tout en recherchant si les lois françaises ne pourraient pas être améliorées. Je commençai immédiatement le travail que je publie aujourd'hui. J'étais loin de me douter alors qu'il était possible qu'il prît un intérêt de circonstance. Il eût paru dès les premiers jours d'août, si les devoirs que m'imposaient mes fonctions m'eussent permis d'y consacrer plus de temps. Il était presque terminé, lorsque j'appris par hasard qu'une partie des questions que je soulevais venait d'être mise à l'étude par le Gouvernement. Mon premier mouvement me portait à détruire ce que j'avais écrit ; l'opportunité ne m'en paraissait plus aussi grande. Après y avoir plus mûrement réfléchi, j'ai passé outre. Il m'a semblé qu'un travail consciencieux fait sur les textes des lois anglaises ; que les appréciations d'un magistrat, qui les appuie sur une expérience de trente années, auraient toujours quelque utilité, ne fût-ce qu'à titre de renseignement. Seulement il devenait nécessaire d'avertir que cette publication ne se rattache ni directement ni indirectement aux études dont se préoccupe en ce moment le Palais, et dont je ne connais même pas l'objet précis. Je n'ai pas eu d'autre but que de faire cesser des attaques injustes contre la loi française, et de tâcher de prévenir un engouement irréflechi pour la loi anglaise. Je m'estimerai heureux si j'ai pu atteindre ce but, me reposant sur la haute sagesse qui préside aux destinées de la France, et sur l'active sollicitude du ministre éminent, qui dirige d'une main si ferme l'administration de la justice, pour trouver les moyens de rendre la loi française encore plus parfaite, si cela est possible.

DE LA DÉTENTION PRÉVENTIVE

ET

DE LA CÉLÉRITÉ

DANS LES PROCÉDURES CRIMINELLES

EN FRANCE ET EN ANGLETERRE

Dans ces derniers temps, surexcitée par plusieurs causes, l'attention publique s'est portée sur le mode suivi en France pour l'instruction des affaires criminelles. Quelques voix se sont élevées pour demander des réformes, principalement dans le but de diminuer le nombre des détentions préventives, de leur substituer la mise en liberté sous caution, et, lorsqu'elles ne peuvent être évitées, d'en abréger la durée en accélérant le jugement. A cette occasion, on a beaucoup parlé des lois anglaises, de leur supériorité en ce qui concerne, soit le respect de la liberté individuelle, soit la célérité, et de l'opportunité d'adopter leurs principes. Il est toujours dangereux de toucher aux lois, même pour les améliorer ; on ne doit pas s'y décider avant que la nécessité en soit complétement démontrée. Lorsqu'elle est démontrée, il faut restreindre les réformesaux dispositions absolument nécessaires ; il est arrivé souvent qu'en essayant de rendre une loi plus parfaite, on n'a fait que substituer à l'abus que l'on voulait prévenir un mal plus grand auquel cet abus était préférable. Avant de modifier nos lois sur l'instruction criminelle, il importe de bien se rendre compte de leur véritable portée. Il faut les juger, non pas seulement sur leurs résultats statistiques, mais sur les effets qu'elles pourraient produire. Il faut surtout ne pas confondre la loi avec son application, ce qui lui appartient avec ce qui appartient aux magistrats qui sont chargés de l'exécuter.

Contrairement à l'opinion qui s'est à tort accréditée, les lois sur l'instruction criminelle en France sont plus favorables que les lois anglaises à la liberté individuelle; elles limitent davantage le droit laissé aux magistrats d'ordonner une détention préventive; et, dans le plus grand nombre des cas, surtout pour les affaires graves, notre organisation judiciaire permet une plus grande célérité pour arriver au jugement. S'il y a quelques améliorations à introduire, c'est bien plus dans la pratique que dans le système général de la législation criminelle. L'institution même d'un tribunal d'un seul juge pour l'expédition plus rapide des affaires sommaires, proposée par quelques bons esprits, appartient à cet ordre d'idées. Les faits dont on se plaint tiennent plus aux mœurs, aux habitudes et aux traditions qu'à l'imperfection des lois.

C'est ce que je vais essayer de démontrer. Il n'est pas sans utilité peut-être de préciser les questions à résoudre, de rectifier quelques préjugés et quelques idées erronées, et de démontrer une fois de plus qu'en cette matière, comme dans toutes les autres, malgré quelques imperfections, la loi française, ramenée aux textes, est encore la plus libérale et la plus humaine.

I. — PROCÉDURE CRIMINELLE. — PRINCIPES GÉNÉRAUX.

Le but de la procédure criminelle est d'assurer la répression des crimes et des délits, et d'arriver à la preuve des faits déférés à la justice. Pour être parfaite, la procédure criminelle doit, à la fois, donner les moyens d'atteindre les coupables et éviter les rigueurs inutiles, d'autant plus regrettables dans une information qu'elles peuvent frapper des innocents. Elle doit aussi abréger les délais, et, dans l'intérêt de la société autant que dans l'intérêt des accusés, conduire par la voie la plus courte à sa conclusion, qui est la condamnation ou l'acquittement.

Ses deux moyens les plus puissants pour arriver à la preuve des faits incriminés, en assurant leur répression, sont : l'arrestation et la détention préventives.

L'arrestation préventive est indispensable, dans un grand nombre de circonstances, pour constater l'identité de l'inculpé ou pour l'obliger de répondre à la justice ; quelquefois même elle est commandée par la sécurité publique, que menace le coupable.

La détention préventive « est une mesure encore plus ri-« goureuse, qui est souvent nécessaire pour assurer l'exé-« cution de la loi, faciliter la manifestation de la vérité « et rendre possible l'exécution des décisions de la jus-« tice » (1).

Le but de l'arrestation préventive est atteint dès que l'inculpé est amené devant le juge, ou dès que la certitude est acquise qu'il s'y présentera au moment convenable; le plus souvent, elle peut cesser immédiatement. La détention préventive se prolonge nécessairement, soit jusqu'au moment où le motif qui l'a fait ordonner n'existe plus, si elle a pour objet de faciliter l'i nformation, soit

---

(1) *Compte-rendu de l'administration de la justice criminelle*, 1852; rapport page LXXXIII. Dans son rapport sur la loi de 1855, qui autorise la main-levée du mandat de dépôt sans caution, M. Nogent Saint-Laurent définit la détention préventive « une précaution prise contre la fuite possible de l'inculpé « et contre les influences qu'il pourrait exercer sur les témoins, s'il était laissé « en état de liberté. » Cette influence n'est qu'une des nombreuses causes qui, en certains cas, rendent indispensable la détention préventive.

jusqu'au jour de l'audience, si elle est une précaution prise contre la fuite de l'inculpé.

On a dit, non sans raison, que la détention préventive est une *injustice nécessaire*. Il est en effet contraire à la justice qu'un individu, même lorsqu'il est coupable, soit détenu sans un jugement de condamnation. Mais, comme le fait remarquer Blackstone, dans le livre même où il revendique le plus vivement, pour tout homme quel qu'il soit, le droit de liberté individuelle, ce droit doit céder devant la nécessité d'assurer le cours de la justice. « Une « exemption absolue de l'emprisonnement dans tous les cas, « dit-il, est une chose incompatible avec toute idée de « droit et de société politique ; si cette exemption était « admise, il serait impossible de protéger le droit et la « société, et toute liberté civile serait insensiblement dé- « truite (1). »

L'arrestation et la détention préventives ne sont permises que dans les cas où elles sont expressément autorisées par les lois. Ces cas ne peuvent jamais être indiqués qu'en termes généraux. Le législateur est obligé de laisser aux magistrats, et même, pour l'arrestation en cas de flagrant délit, aux agents de la police, le droit d'en apprécier l'opportunité. C'est l'intérêt des inculpés qui l'exige ; une règle strictement légale, appliquée dans toute sa rigueur, les priverait de leur liberté, même dans les circonstances où elle peut leur être laissée.

La célérité dans les poursuites et leur issue plus ou moins rapide dépendent, en grande partie, de l'activité, du zèle et de l'intelligence du magistrat qui en est chargé. Mais elles sont avant tout subordonnées au plus ou moins de perfection de l'organisation judiciaire et des lois sur la procédure criminelle. Plus le pouvoir des magistrats est

---

(1) *Commentaires sur les lois*, livre III, chap. VIII.

illimité plus la célérité peut être grande; il ne faut pas cependant perdre de vue qu'il pourrait y avoir quelque danger à sacrifier à la célérité toutes les garanties auxquelles ont droit et l'accusé et la société. La difficulté consiste à reconnaître quelles sont les garanties réellement utiles. Les causes des délais inutiles proviennent habituellement de la complication trop grande des formes, de l'éloignement du juge ou de la rareté des audiences qu'il accorde.

Ces principes sont admis par toutes les législations, mais elles ne peuvent pas en faire toutes la même application dans la pratique. Pour être efficaces, les lois sur la procédure criminelle, comme toutes les autres lois, doivent toujours être en rapport avec les mœurs et les institutions des peuples auxquels elles sont destinées. Ces lois, en France et en Angleterre, diffèrent entre elles autant que le caractère et le génie des deux nations. Pour faire mieux ressortir les avantages et les inconvénients qu'elles présentent, nous allons en analyser rapidement les dispositions les plus importantes.

II. — Arrestation préventive en France et en Angleterre.

Aucune arrestation ne devrait, en principe, être faite que sur l'ordre ou le mandat d'un magistrat compétent, qui en a vérifié et reconnu la nécessité. Mais le besoin de maintenir avant tout l'ordre dans la société et d'assurer la sécurité des personnes et des biens, a fait autoriser les arrestations sans mandat dans tous les cas d'urgence. Chez toutes les nations il a été admis que, lorsqu'un crime se commet ou vient d'être commis, c'est non-seulement pour les agents de la police, mais pour toute personne, un droit et un devoir de saisir immédiatement le coupable.

Le droit d'arrestation sans mandat a plus d'étendue en Angleterre qu'en France.

« Tout homme, dit Blackstone, qui est présent au moment où se commet une *félonie* est puni d'amende et d'emprisonnement s'il n'arrête pas le coupable; pour l'arrêter, il peut enfoncer les portes, il peut le tuer, s'il n'avait pas d'autres moyens de s'en saisir. Il n'est pas même nécessaire que le fait incriminé soit flagrant et certain ; toute personne peut arrêter pour félonie, sans mandat, sur un soupçon probable; seulement alors on ne peut ni enfoncer les portes ni tuer le coupable présumé (1). »

Lorsque l'on sait que sous la dénomination de *félonie* on comprend en Angleterre, non-seulement des crimes, mais un grand nombre de faits qui ne sont en France que des délits, il semble que le droit d'arrestation laissé au premier venu ne puisse aller plus loin; mais il n'en est pas ainsi. En cas de flagrant délit, tout Anglais lésé peut arrêter ou faire arrêter par ses domestiques ou par d'autres personnes, et détenir, jusqu'à ce qu'il puisse le mettre sous la garde d'un constable, tout individu coupable envers lui du délit le plus léger (2).

Sous une législation qui n'hésite pas à donner une telle faculté à de simples particuliers, il ne devait être apporté que peu de restrictions au droit des agents de la police d'arrêter sans mandat. L'autorité des constables est presque sans limites. En énumérant leurs pouvoirs, Blackstone ne peut s'empêcher de faire la réflexion que « vu la nature de « ces pouvoirs et l'espèce d'hommes auxquels ils sont con- « fiés, il est peut-être bon qu'ils ne soient pas trop éclaircis « sur l'étendue de leur autorité (3). » Le constable, que

---

(1) Blackstone, *Commentaires sur les lois*, livre IV, chap, XXI.

(2) « *Any person found committing... a misdemeanor upon summary conviction.* » (2, 3 Victoriæ reginæ, cap. XVII, sec. 66). Il y a des *misdemeanor* qui ne seraient en France que des contraventions.

(3) Blackstone, loc. cit., liv. I, chap, IX, *Des magistrats subordonnés.*

l'on peut assimiler à nos sergents de ville, si l'on tient compte seulement du degré de l'éducation et de l'intelligence, peut arrêter sans mandat, non-seulement dans tous les cas où le délit est commis en sa présence, mais même sur une dénonciation (1), si l'aggression est assez récente pour que la personne lésée n'ait pas encore eu la possibilité d'obtenir un mandat du juge; même sur un simple soupçon (2); même pour le plus grand nombre des contraventions de police (3); même pour un simple dommage causé aux personnes ou aux propriétés, par un fait défendu par les lois de police (4); et il ne s'agit pas ici d'une arrestation momentanée, ayant seulement pour but de s'assurer de l'identité de la personne, mais d'une arrestation suivie d'une détention provisoire, jusqu'au moment où l'inculpé peut être conduit devant le magistrat qui doit statuer.

En France, au contraire, le Code d'instruction criminelle a peut-être trop restreint le droit d'arrestation sans mandat. Si l'on se conformait strictement au texte de l'article 106 de ce code, ce droit ne pourrait être exercé, même par les dépositaires de la force publique, que « lors« que le prévenu est surpris en flagrant délit ou poursuivi « par la clameur publique, » et seulement « si le fait com« mis emporte une peine afflictive ou infamante. » Il a fallu pour étendre ce droit aux délits correctionnels, même flagrants, que la jurisprudence se reportât à des articles des lois antérieures, que le nouveau Code eût dû abroger

(1) Vict. reg., cap. XVII, sec. 65.

(2) Ibid., sec. 64. « *All person... whom he shall have good cause to suspect* « *of having committed or being about to commit any felony, misdemeanor or* « *breach of the peace.* » Ainsi il suffit qu'on soupçonne, non que l'on a commis un délit, mais qu'on est sur le point de le commettre.

(3) Ibid., sec. 54. Cet article autorise expressément le constable à arrêter et retenir (*take into custody*) ceux qui commettent en sa présence un très-grand nombre de faits qu'il énumère, et qui ne seraient en France que des contraventions.

(4) Ibid., art. 62.

ou s'approprier (1). Avec cette extension qui était commandée par une impérieuse nécessité, le droit d'arrestation sans mandat est encore loin d'avoir en France la même étendue qu'en Angleterre. Ce droit, pour une personne qui n'appartient pas à la police, est limité au cas de flagrant délit d'un crime. Dans ce cas, ou si le coupable est poursuivi par la clameur publique, toute personne est tenue de le saisir (2); toutefois, il n'est pas permis de poursuivre les inculpés jusque dans les habitations, et encore moins d'employer la violence; celui qui ne les arrête pas n'encourt pas une peine comme en Angleterre, à moins qu'il n'y ait eu réquisition par un agent de la force publique de lui prêter main-forte (3). Les agents de la police et les agents de la force publique qui leur sont assimilés, notamment la gendarmerie, peuvent arrêter sans mandat, dans tous les cas de flagrant délit, sans distinction des crimes et des délits (4); mais en toute autre circonstance, ils ne peuvent agir sans réquisition, et ils ne peuvent jamais arrêter pour une contravention, ou même pour un fait constituant un délit qui n'est pas puni d'un emprisonnement. S'ils arrêtent alors quelquefois, c'est lorsqu'il est nécessaire de constater l'identité des délinquants, qui doivent être immédiatement relâchés (5).

La différence que nous venons de constater entre la législation anglaise et la législation française, quant à l'é-

(1) Arrêt, Cour de Paris, 27 mars 1827.

(2) Art. 106 du Code d'Instr. crim.

(3) Ceux qui le pouvant ont refusé de porter le secours dont ils auront été requis en cas de flagrant délit ou de clameur publique, sont punis d'une amende qui ne peut excéder 10 francs. (Art. 475, Inst. crim., § 12.)

(4) Art. 16 et 106, Code d'Inst. crim.; lois des 23 septembre 1791, 28 floréal an IV, 28 germinal an VI, et l'arrêt cité plus haut (note 1), ainsi que les lois sur la gendarmerie.

(5) Le droit d'arrestation momentanée pour constater l'identité, est écrit dans la loi anglaise, Vict. reg., cap. XLVII, sec. 63 et 69. Il n'est pas écrit dans la loi française, mais il est une conséquence nécessaire du droit de police.

tendue du droit d'arrêter sans mandat, existe aussi pour le droit de décerner un mandat d'amener et d'ordonner une arrestation préventive.

En France, pour les crimes, en cas de flagrant délit, le droit de décerner un mandat d'amener appartient à tous les officiers de police judiciaire. Pour les délits correctionnels, ce droit est refusé à quelques-uns d'entre eux (1). Dès que le fait n'est plus flagrant, le droit d'ordonner une arrestation est réservé aux juges d'instruction ou aux magistrats appelés en certains cas à en remplir les fonctions. Le juge d'instruction lui-même ne peut user de ce droit lorsque les faits ne constituent pas des crimes ou des délits punis d'un emprisonnement. Si un individu coupable d'une contravention ou d'un délit puni seulement d'une amende a été arrêté par erreur, il doit être mis en liberté aussitôt que l'erreur a pu être constatée (2). En matière criminelle, le juge d'instruction doit toujours décerner un mandat d'amener lorsqu'il existe des indices graves; mais s'il s'agit d'un délit correctionnel et que l'inculpé ait un domicile certain, il peut ne donner qu'un mandat de comparution (3). Les instructions du ministère de la justice lui font même un devoir, dans ce cas, de ne décerner le mandat d'amener que *dans les circonstances exceptionnelles*, en lui donnant pour règle que « le législateur, par cette dis-« position facultative, a indiqué qu'on ne doit pas sans « motif grave user de contrainte envers un individu qui « présente des garanties (4). »

---

(1) Voir les art. 157, 166, loi du 29 novembre 1820, et art. 250, 259, loi du 11 avril 1854, sur la gendarmerie. Le seul délit pour lequel les officiers de gendarmerie puissent décerner des mandats d'amener est le vagabondage.

(2) Art. 129, 131, Code d'Inst. crim.

(3) Ibid., art. 40 et 91.

(4) Circulaire de M. de Serres, ministre de la justice, 10 février 1819, souvent rappelée depuis par ses successeurs.

Ainsi en France, même pour les magistrats compétents, le droit d'arrestation préventive sur mandat a été restreint autant que cela était possible.

En Angleterre, on peut dire qu'il n'a pas de limites. Le mandat d'amener peut être décerné par les juges de paix, ou par les magistrats des tribunaux de police dans les lieux où ils sont institués (1), « dans tous les cas où ils ont juridiction sur l'offensé (2). » En matière criminelle, le magistrat saisi des poursuites n'est pas obligé, comme en France, de décerner un mandat d'amener dès le début de l'instance ; la loi ne lui en fait une obligation que si l'accusé n'a pas comparu sur la citation qu'il lui a fait donner (3) ; mais, s'il le juge à propos et sans qu'il y ait eu citation préalable, il a le droit de décerner un mandat d'amener contre toute personne accusée d'un fait prévu par les lois pénales ; il suffit que le plaignant ou le poursuivant affirme sous serment les faits qui peuvent motiver une arrestation (4). Ce droit va jusqu'à faire arrêter un témoin,

(1) Vict. reg., cap. LXXI, sec. 14 et cap. LXXXIV. Il est peut être utile de rappeler ici, pour les personnes qui ne connaissent pas la législation anglaise, qu'il n'existe aucun rapport entre le juge de paix, ou plutôt le *justicier de paix* anglais (*justice of the peace*), et le magistrat qui porte le même nom en France. Je n'ai pas cru devoir énumérer les autres autorités qui, en Angleterre, peuvent, comme les magistrats spéciaux, décerner un mandat d'amener. Il ne s'agit pas ici d'un traité sur la matière ; je dois me borner aux traits principaux qui distinguent les deux législations dans leur application usuelle et ordinaire, pour les crimes et les délits communs.

(2) Blackstone, loc. cit., livre IV, chap. XXI.

(3) Vict. reg., cap. XLIII, sec. 2, et cap. LXXI, sec. 21.

(4) Vict. reg., cap. XLIII, sec. 2, et cap. LXXI, sec. 21. Ce dernier article porte « *for any offence cognizable before him, whenever good grounds for so doing* « *shall be stated on oath before him.* » Les mots « *any offence cognizable before* « *him* » « toute offense dont il peut connaître » comprennent tous les faits prévus par les lois pénales, depuis la contravention jusqu'au crime. Le magistrat des tribunaux de police et les juges de paix sont, en effet, compétents pour juger les petits délits et pour faire l'instruction sur les crimes et délits qui doivent être jugés par les Cours supérieures.

non-seulement, comme en France, lorsqu'il n'a pas comparu, mais immédiatement et sans qu'il ait été cité, sur la déclaration sous serment de la partie intéressée, établissant que : « il est probable que ce témoin ne voudra pas venir « déposer sans y être contraint (1). »

En France, le porteur d'un mandat d'amener est soumis à toutes les exigences de l'art. 184 du Code pénal, qui défend à « tout fonctionnaire administratif ou judiciaire, à « tout officier de justice ou de police, de s'introduire dans « le domicile d'un citoyen contre son gré, hors les cas pré« vus par la loi et sans les formalités qu'elle a prescrites. » La loi ne s'est pas clairement expliquée sur les conditions dans lesquelles il est permis d'exécuter le mandat d'amener; de là plusieurs difficultés sérieuses dans la pratique.

En Angleterre, rien n'entrave l'exécution d'un mandat d'amener ou *warrant*. La personne qu'il désigne peut être appréhendée partout, à toute heure du jour ou de la nuit, même en entrant de force dans les habitations et en enfonçant les portes, sans qu'il soit nécessaire que le mandat du juge y autorise d'une manière spéciale (2).

III. — Détention préventive en France et en Angleterre.

L'arrestation préventive peut être suivie, ou de la mise en liberté immédiate, ou de la mise en liberté sous caution, ou de la détention préventive.

L'arrestation n'a pour but que de mettre l'inculpé en présence du juge ou du magistrat qui est investi du droit d'accueillir ou de rejeter ses moyens de justification. Dès qu'il est sous la main de la justice, il doit être

---

(1) Ibid. cap. XLIII, sec. 7. « *that it is probable that such person will not « attend to give evidence without being compelled so to do.* »

(2) Blacktone, livre IV, chap. XXI. Vict. reg., cap. XLIII, sec. 3 ; cap. XLVII, sec. 34 et 48; — cap. LXXI, sec. 25.

interrogé, et sa détention ne peut continuer que si elle est formellement ordonnée.

En France, lorsqu'une arrestation a eu lieu, la personne arrêtée doit être conduite *aussitôt* devant le magistrat qui a décerné le mandat d'amener, ou devant l'officier de police judiciaire le plus voisin, si l'arrestation a été faite sans mandat. La loi n'accorde au juge qu'un délai de vingt-quatre heures pour faire l'interrogatoire (1).

En Angleterre, dans les cas d'arrestation sans *warrant*, la loi autorise le constable à détenir provisoirement l'inculpé jusqu'à ce qu'il puisse être conduit devant le tribunal de police. Quand le juge est sur son siége, l'inculpé doit lui être conduit immédiatement (2). S'il y a un *warrant*, l'inculpé est amené devant le magistrat qui l'a décerné ou devant tout autre magistrat compétent du même comté ou du comté où il a été arrêté (3). Aucun délai n'est fixé pour l'interrogatoire. Suivant Blackstone, il doit être fait sans délai (4); mais il paraîtrait résulter du texte d'un acte du Parlement du 14 août 1848, que cet usage ne serait pas obligatoire, et que le juge pourrait ajourner l'interrogatoire et faire détenir provisoirement l'inculpé sans l'avoir interrogé (5).

---

(1) Code d'inst. crim., art. 93 et 106, loi du 11 avril 1854, art. 294.

(2) Vict. reg., cap. XLVII, sec. 69, 70, 71. Ces articles supposent que l'inculpé ne peut rester sous la garde du constable que *tant que le tribunal de police est fermé* : « *whenever any person shall be without warrant in the custody of* « *any constable... during the time when the police court shall be shut.* »

(3) Les *warrants* n'ordonnent pas, comme le mandat d'amener, de conduire l'inculpé devant le juge qui l'a décerné, mais « devant un ou plusieurs des « juges de paix du comté, pour répondre à la dénonciation ou à la plainte, » qui est sommairement exposée dans le *warrant* lui-même; ibid., cap. XLIII, (cédules B et C). La sec. 29 du même chapitre, qui autorise le juge à décerner des *warrants* dans toutes les procédures criminelles sommaires, dit en termes exprès qu'il n'est pas nécessaire que le juge qui décerne le mandat soit le même que celui qui doit entendre l'affaire, et la sec. 13 indique les magistrats devant lesquels l'inculpé peut être conduit (voir la note 5 plus bas).

(4) Blackstone, loc. cit., livre IV, chap. XXI.

(5) C'est une conséquence des sec. 13 et 16 du cap. XLIII, Vict. reg. La

Après l'interrogatoire, en France, le juge d'instruction peut, ou mettre l'inculpé en liberté, ou décerner un mandat de dépôt, qui prescrit de le conduire dans une maison d'arrêt et de l'y détenir jusqu'à nouvel ordre. Si le ministère public a requis le mandat de dépôt, il peut se pourvoir contre la décision du juge qui le refuse, et la Cour impériale peut ordonner que ce mandat sera décerné (1). Le mandat de dépôt peut être levé et la mise en liberté ordonnée en tout état de cause, soit sous caution, soit sans caution, ainsi que nous le verrons bientôt; mais si, au lieu d'un mandat d'amener, le juge a décerné un mandat d'arrêt (2), il ne peut plus le

---

sec. 13 porte que « le défendeur, appréhendé sur *warrant* d'un juge, sera « amené devant le même juge ou un juge du même comté, qui devra l'envoyer « en prison (*shall there upon, by his warrant, commit the defendant to the « house of correction or other prison*) et ordonner qu'il sera mené à une date « indiquée devant les juges qui doivent connaître de l'affaire. » La sec. 16 est aussi explicite : aux termes de la sec. 14, lorsque le défendeur est présent, l'audition (*hearing*) commence par une exposition qui lui est faite de la substance de l'inculpation. « *Avant cette audition*, dit la sect. 16, le juge peut « ordonner l'ajournement à une autre époque et à un autre lieu indiqués, « et envoyer le défendeur à la prison commune. » Voici le texte : « *Before « hearing, shall be lawful for any one justice to adjourn the hearing to « a certain time and place, and commit the defendant to the common gaol.* » Les *warrants* (cédules D et H, cap. XXIII) qui s'emploient dans ces deux cas, ne supposent aucun interrogatoire (voir leur traduction plus loin, note 4, page 15).

(1) Code d'inst. crim. art. 61. Les dispositions de la loi concernant le mandat de dépôt ne sont pas nettes et claires ; mais la pratique en a parfaitement, défini l'usage (voir la note suivante). On a contesté le droit du ministère public de former opposition à l'ordonnance qui refuse ce mandat ; aujourd'hui l'article 135 du Code d'inst. crim., modifié par la loi du 17 juillet 1856, à tranché la question.

(2) Art. 94, 104 et 109, Code d'inst. crim. Avant la loi du 13 avril 1855 qui a modifié l'article 94, la plupart des commentateurs ne s'étaient pas bien rendu compte de la différence qui existait entre le mandat de dépôt et le mandat d'arrêt. Leur emploi dans la pratique fera mieux comprendre qu'une longue discussion l'utilité de ces deux mandats. Le mandat de dépôt se décerne habituellement contre l'inculpé présent, et le mandat d'arrêt contre l'inculpé absent, qui s'est soustrait à l'exécution du mandat d'amener. Lorsque l'inculpé absent a été condamné par défaut et qu'il est arrêté, c'est en

rapporter que par une ordonnance de mise en liberté sous caution, et seulement en matière correctionnelle. Lorsque le titre de l'accusation emporte une peine afflictive ou infamante, la détention ne peut plus cesser que par une ordonnance déclarant qu'il n'y a lieu à suivre, ou par un verdict d'acquittement (1). Si le juge d'instruction n'a décerné ni un mandat de dépôt ni un mandat d'arrêt, le prévenu reste en liberté jusqu'à l'exécution de l'ordonnance de prise de corps, qui précède la mise en jugement dans les affaires criminelles déférées au jury (2), et jusqu'à l'exécution du jugement définitif dans les autres affaires. Les tribunaux correctionnels saisis de la plainte, soit par une ordonnance du juge d'instruction, soit par une citation directe, ne peuvent décerner un mandat de dépôt ou un mandat d'arrêt contre le prévenu qu'ils ont à juger, que lorsqu'à l'audience il se révèle que le fait, considéré jusqu'à cet instant comme un simple délit, est de nature à mériter une peine afflictive ou infamante (3). Si le prévenu ne comparaît pas, ils ne peuvent ordonner qu'il sera amené devant eux, ils sont obligés de statuer par défaut (4).

---

vertu du mandat d'arrêt qu'il reste détenu préventivement jusqu'à ce qu'il ait été statué sur son opposition au jugement par défaut. Le mandat d'amener ne peut être exécuté après que le juge d'instruction est dessaisi ; le mandat de dépôt a pour résultat la détention provisoire au lieu où l'inculpé est appréhendé; le mandat d'arrêt seul donne le droit, quels que soient le lieu et l'époque où l'inculpé est saisi, de l'amener au lieu où il doit être statué et de le détenir jusqu'à ce qu'il ait été statué.

(1) L'opposition à l'ordonnance de non-lieu suspend la mise en liberté.

(2) Code d'inst. crim., 232; loi du 17 juillet 1856.

(3) Ibid., art. 193 et 214. Je n'ai pas à m'occuper ici des crimes et délits commis et jugés à l'audience (art. 181 et 507). La question est différente. Dans les autres cas où les magistrats ont à l'audience le droit d'ordonner une arrestation et de renvoyer au juge d'instruction, ils n'agissent que comme officiers de police judiciaire, et ils ne sont pas saisis de la connaissance du fait qu'ils ont constaté (art. 330, 506, 509). Ils n'ont pas même le droit de se saisir d'un fait nouveau révélé à l'audience contre l'inculpé.

(4) Ibid. art. 186.

Après l'interrogatoire, le juge anglais peut, comme en France, envoyer le prévenu dans une maison d'arrêt et l'y faire détenir jusqu'au jugement. Il le peut même sans l'avoir interrogé, ainsi que nous l'avons déjà dit plus haut (1). Contrairement à ce qui se passe en France, ce n'est pas seulement au magistrat remplissant les fonctions de juge d'instruction qu'il appartient d'ordonner une détention préventive. Le juge ou le tribunal devant lequel un inculpé non arrêté a été cité peut, s'il ne comparaît pas, ou même dans l'intervalle de la citation à l'audience, décerner un *warrant* pour le faire amener devant lui (2); et, lorsqu'il a été amené, il a le droit d'ajourner l'affaire et d'ordonner que l'inculpé sera détenu jusqu'à ce qu'il puisse être statué. Il a ce droit, même si l'inculpé a comparu volontairement sur la citation à lui donnée, et avant ou après le commencement des débats (3). Le *warrant of committal*, par lequel le magistrat ordonne la détention lorsqu'il ajourne l'audience, le *warrant to remand*, par lequel il ordonne la détention lorsque l'inculpé lui est amené en exécution d'un *warrant* d'arrestation, et le *warrant remanding a prisoner*, qui sert à prolonger la détention tant que dure l'information, ne le lient pas comme le mandat de dépôt et le mandat d'arrêt lient le juge d'instruction en France. Ces *warrants* portent l'indication du jour, de l'heure et du lieu où le détenu devra être ramené devant le juge ou le tribunal compétent. Leur caractère provisoire est ainsi bien défini; leur durée est limitée au jour indiqué, et si une prolongation de la détention est nécessaire, il faut un nouveau mandat (4).

---

(1) Voyez la note 5, pag. 12, et les formules plus loin traduites, note 4.

(2) 11, 12, Vict. reg., sec. 1, cap. XLII; sec. 13, cap. XLIII; sec. 19, cap. LXXI. Quand l'inculpé ne comparaît pas sur la citation dans les affaires sur instruction sommaire, le tribunal peut statuer *par défaut*; mais il n'y est pas obligé, comme en France.

(3) Vict. reg., cap. XLIII, sec. 3, 9, 13, 16 et 29. Ces articles prévoient tous les cas que je mentionne ici. Nous aurons à y revenir plus loin, lorsque nous nous occuperons de la mise en liberté sous caution.

(4) Le *warrant of committal* (cédule D, cap. XLIII) est intitulé : « *Warrant of*

IV. — MISE EN LIBERTÉ APRÈS ARRESTATION OU DÉTENTION PRÉVENTIVE, AVEC OU SANS CAUTION.

Lorsque la détention préventive est inutile à l'instruction d'une affaire criminelle, elle ne devrait pas être ordonnée; ou, dès qu'elle n'est plus indispensable à l'instruction, elle devrait cesser, si l'on avait la certitude que la personne accusée se présentera devant le juge à toute réquisition. Dans un grand nombre de circonstances, la culpabilité étant même admise, cette certitude peut résulter : de la situation particulière de l'accusé, qui aurait plus à perdre en fuyant qu'en subissant une condamnation. Cette certitude est ordinairement fondée sur les antécédents, le domicile et la position sociale. Lorsqu'elle existe, c'est un devoir pour le juge instructeur, de mettre l'inculpé en liberté dès qu'il ne lui paraît plus nécessaire qu'il soit détenu. La liberté peut être pure et simple, lorsque rien ne peut faire supposer

---

« *committal for safe custody during an adjournement of the hearing;* » littéralement : « *Warrant* d'emprisonnement pour sûre garde pendant l'ajournement « de l'audition. » Il porte que, « attendu que l'audition de la dénonciation « ou de la plainte est ajournée » au jour, à l'heure et au lieu qu'il précise, et qu'il est nécessaire que, « dans cet intervalle, » l'inculpé soit gardé en lieu sûr, le gardien de la prison le recevra jusqu'au jour dit, où le constable auquel le warrant est donné, est requis de le conduire devant les juges à l'instant et au lieu fixés par l'ajournement. Le second *warrant* (cédule H, ibid.) est intitulé : « *Warrant to remand a defendant when apprehended;* » « *Warrant* pour renvoyer à une autre audience le défendeur lorsqu'il est arrêté. » Il porte : « Attendu que ledit A. B. a été arrêté en vertu d'un *warrant* sur la dénon- « ciation précitée, et qu'il est amené devant moi, juge sus-désigné, j'ai à vous « commander, à vous, constable (*these are therefore to command you the « said constable*) de conduire ledit A. B. à la maison de.... et à vous, gardien « de le recevoir et de le garder jusqu'au..... prochain, le.....jour de..... « mois courant, où je vous ordonne (*you are hereby commanded*) de le con- « duire et garder à..... à..... heures de l'après-midi du même jour, devant « tels juges de paix dudit comté qui s'y trouveront, pour répondre à la plainte « ou à la dénonciation, et être procédé conformément à la loi. » — Voir aussi (cédules, cap. XLII) les warrants *remanding a prisoner* et les warrants *of commitment*.

que l'inculpé ait intérêt à se dérober aux poursuites. Elle peut n'être ordonnée que sous la condition de fournir une caution si, à raison de la nature du fait ou des circonstances, il y a lieu d'ajouter une sanction à l'obligation que l'inculpé contracte de se représenter. La caution l'oblige, ou oblige ses garants à payer une somme déterminée s'il manque à l'engagement qu'il a pris ; par cela même, la mise en liberté provisoire, sous caution, est forcément restreinte aux cas où la peine n'est pas assez grave pour que l'inculpé ne tienne pas compte de la perte d'une partie de ce qu'il possède.

Nous venons de voir qu'en Angleterre la détention préventive ne subsiste jusqu'au jugement que lorsqu'elle est ordonnée de nouveau chaque fois que l'inculpé paraît devant le juge. Il en résulte que la mise en liberté provisoire pure et simple reste, dans tous les cas et en toute circonstance, entièrement subordonnée à l'appréciation des magistrats chargés d'instruire ou de juger.

Il n'en est pas de même en France. Après l'interrogatoire, la mise en liberté pure et simple peut être suspendue contre la volonté du juge d'instruction par l'opposition du ministère public, s'il a requis le mandat de dépôt, et la détention provisoire peut être ordonnée par la Cour, ainsi que nous l'avons dit précédemment (1). Après le mandat de dépôt délivré, jusqu'à une époque récente la mise en liberté ne pouvait plus être accordée à l'inculpé qu'à la charge de fournir une caution, et seulement en matière correctionnelle. La loi du 13 avril 1855 permet aujourd'hui au juge d'instruction de donner mainlevée de ce mandat,

(1) Code d'Inst. crim., art. 94, 135, modifié par la loi du 17 juillet 1856. La Cour ne décerne pas le mandat de dépôt, mais elle ordonne qu'il sera décerné.

dans le cours de la procédure, quelle que soit la nature de l'inculpation, mais elle exige le consentement du ministère public (1).

La mise en liberté sous caution présente dans les deux législations des différences encore plus caractéristiques.

En France, la mise en liberté sous caution n'est qu'un moyen exceptionnel donné par la loi à l'inculpé d'un délit correctionnel, pour obtenir sa mise en liberté provisoire. Pendant longtemps, elle n'a pu être ordonnée que par le tribunal réuni en chambre du conseil. Depuis la loi du 17 juillet 1856, qui a modifié l'art. 113 du Code d'instruction criminelle, c'est le juge d'instruction qui statue; mais rien de plus n'a été changé. La mise en liberté sous caution reste entourée de nombreuses formalités, qui sont un embarras pour les parties intéressées et même pour le juge. Il faut une demande écrite; une notification de cette demande à la partie civile, si elle s'est constituée; des conclusions du ministère public; une ordonnance du juge, contre laquelle il peut-être formé opposition; une soumission au greffe. Avant le décret du 23 mars 1848, le cautionnement ne pouvait être au-dessous de 500 francs; maintenant encore la solvabilité de la caution peut être discutée par le ministère public et par la partie civile, et le cautionnement doit être déposé en espèces, ou il doit être garanti par une affectation hypothécaire sur des immeubles libres pour le montant du cautionnement et une moitié en sus (2).

Pour avoir le droit de demander la mise en liberté sous caution, il faut être sous le coup d'un mandat de dépôt ou

---

(1) Ibid, art 94, modifié par la loi du 4 avril 1855; voir le rapport de la Commission à la Chambre des députés.

(2) Ibid. art. 113 et suivants, art. 135, loi du 17 juillet 1856, et décret du 23 mars 1848. Le plus souvent, dans la pratique, toutes ces formalités se simplifient; mais même lorsqu'il ne survient aucune complication, elles exigent des démarches assez actives, si l'on veut abréger les délais.

d'un mandat d'arrêt. L'offre d'une caution ne peut précéder ces mandats et les prévenir. Si le juge d'instruction refuse la mise en liberté sous caution, le détenu peut former opposition à son ordonnance, et la chambre des mises en accusation peut l'ordonner (1) ; mais, en aucun cas, elle ne peut être obtenue lorsque le fait qui motive les poursuites est de nature à emporter une peine afflictive ou infamante.

Si l'inculpé en liberté sous caution ne se présente pas lorsqu'il en est requis, le juge d'instruction rend une ordonnance pour le faire saisir et écrouer dans la maison d'arrêt, et la caution est contrainte au paiement. Mais ce paiement n'entraîne pas la confiscation immédiate et définitive du cautionnement. L'obscurité de la loi a permis à la jurisprudence de décider que l'inculpé peut impunément se soustraire à l'engagement qu'il a pris de se représenter à tous les actes de la procédure, et qu'il suffit qu'il exécute la condamnation définitivement prononcée contre lui pour que le cautionnement doive lui être rendu (2).

En Angleterre, toutes les formalités sont supprimées; la personne astreinte à la caution n'a qu'à reconnaître devant le magistrat compétent qu'elle s'engage à payer la somme fixée pour le cautionnement, si elle ne se présente pas devant le juge au jour, à l'heure et au lieu indiqués. Ses garants, s'il lui en est demandé, prennent le même engagement, dans le même acte. La formule est imprimée à l'avance; c'est un simple procès-verbal constatant les engagements pris; il en est remis un extrait aux parties intéressées. Ce mode n'entraîne aucun délai, aucun frais, aucune consignation d'espèces par anticipation; rien n'est plus simple. (3)

---

(1) Ibid., art. 135 modifié par la loi du 17 juillet 1856.

(2) Ibid., art. 122 et 125. Arrêt de cassation, 19 octobre 1821 (affaire Cauchois-Lemaire).

(3) Voici la traduction littérale de la formule du cautionnement telle qu'elle

Au jour dit, si l'inculpé ne se présente pas devant le juge ou le tribunal indiqué, ou s'il n'obtient pas un délai pour comparaître, en faisant donner des excuses suffisantes par une personne qui se présente en son nom, la somme fixée pour le cautionnement est acquise définitivement à l'Etat (1). Les poursuites se continuent alors comme s'il n'y avait pas eu antérieurement une arrestation et une mise en

---

est donnée à la fin de l'acte 11, 12, Vict. reg., cap. XLIII, cédule E, sous ce titre : *Recognizance for the appearance of the defendant where the case is adjourned, or not at once proceeded with.* « Reconnaissance pour la comparu-« tion du défendeur lorsque l'affaire est ajournée, ou qu'il n'est pas procédé « de suite.

« Constatons que le (*date*), le nommé (*noms, prénoms, demeure et profes-« sion du défendeur*) et le nommé (*noms, prénoms, demeure et profession du « garant ou des garants*), ont comparu en personne devant le soussigné (*qua-« lités*) et reconnu, chacun en particulier, devoir à la reine, notre souveraine, « les sommes suivantes : c'est-à-dire, ledit (*nom du défendeur*), la somme de « ...... et ledit (*nom du garant*) la somme de...... bonne et...... « légale monnaie de la Grande-Bretagne, à réaliser et prendre sur tous leurs « biens et meubles, terres et maisons respectivement, au profit de notre dite « dame la reine, ses héritiers et successeurs, *si* ledit (*nom du défendeur*) « manque à la condition écrite au dos (*endorsed*) ; fait et reconnu, etc. » *Au dos* de la formule imprimée, il est écrit : « La condition de la reconnaissance « ci-incluse est que si ledit (*nom du défendeur*) comparait personnellement le « .... jour, de......... courant, à.......... heure de l'après-« midi, à.................... devant tels juges de paix dudit comté qui s'y « trouveront, pour répondre à la délation ou à la plainte, du nommé........ « ...... faite contre ledit............. et être ensuite procédé confor-« mément à la loi, ladite reconnaissance deviendra nulle et de nul effet, ou « autrement elle conservera toute sa force et sa valeur. »

L'extrait de cet acte, remis au défendeur et à ses garants, est signé par le magistrat, et il rappelle le jour, l'heure et le lieu où le défendeur doit com-comparaître.

(1) La loi sur ce point est claire et formelle, et le paiement de la somme due aux termes de la reconnaissance est toujours rigoureusement exigée ; si l'inculpé soumis à la caution et ses garants sont insolvables, ils subissent un emprisonnement proportionné aux sommes à payer. Le mode d'exécution est simple. Le magistrat devant lequel l'inculpé devait comparaître, constate sa non comparution au dos de l'acte du cautionnement, par un certificat qu'il signe. L'acte est ensuite transmis au clerc du comté qui est chargé de procéder en conséquence.

liberté; le juge reste libre de décerner ou de ne pas décerner, suivant les circonstances, un *warrant* pour contraindre l'inculpé à comparaître. Si au contraire l'inculpé se présente au jour dit, l'acte de cautionnement est annulé; mais le juge a le droit, s'il ne statue pas immédiatement sur le fond, ou de faire mettre l'inculpé en prison jusqu'à ce qu'il puisse être statué, ou de le laisser en liberté, en lui faisant prendre un nouvel engagement de se représenter à un jour indiqué, avec obligation de payer une somme déterminée s'il ne comparaît pas. La liberté d'action du juge n'est jamais entravée. Ainsi que nous l'avons déjà fait remarquer à l'occasion de la détention préventive, chaque acte n'a qu'une durée limitée, par cet acte lui-même, au jour de la comparution, et chaque fois que l'inculpé comparait, le magistrat peut, suivant les circonstances, dont l'appréciation lui appartient exclusivement : le laisser libre ou l'élargir sous caution s'il est détenu; le faire détenir ou le soumettre à une caution s'il était resté libre; augmenter ou diminuer le chiffre du cautionnement si déjà il était en liberté sous caution, ou ne plus exiger un cautionnement (2).

---

(2) J'insiste sur ce point parce que l'on a dit et imprimé, que le juge anglais était *obligé* de mettre l'inculpé en liberté sous caution, et que la loi déterminait les cas dans lesquels la caution devait être admise. C'est une grave erreur; la mise en liberté sous caution n'est obligatoire dans tous les cas que dans les affaires civiles; dans toutes les circonstances où la liberté sous caution peut être obtenue en matière criminelle, la loi ne manque jamais d'ajouter que le magistrat peut l'accorder ou la refuser « s'il le juge prudent » (*if he shall deem it prudent*), à sa discrétion (*at discretion*), ou des phrases équivalentes (10, Georges IV, cap. XLIV, sec. 9. 2, 3, Vict. reg. cap. XLIII, sec. 3, 9, 13, 16). Blackstone cite cependant un cas où a mise en liberté sous caution est de droit. Aux termes du statut 31 de Charles II, chap. II, sur l'*habeas corpus*, toute personne emprisonnée pour trahison ou félonie, doit être traduite pour être jugée dans la session qui suit la demande formelle qu'elle en a faite dans la première semaine du terme, ou le premier jour de la session d'*oyer et terminer*. « Si elle n'est pas déférée dans ce terme ou cette « session, elle doit être admise à caution, à moins que les témoins du roi ne

La mise en liberté sous caution peut être ordonnée en Angleterre pour tous les faits criminels, même pour ceux qui sont déférés aux assises. Sont exceptés seulement les crimes qualifiés *treason*; et même, pour ces crimes, les secrétaires d'État et la Cour supérieure de justice (*King's Bench*) peuvent donner l'ordre d'accorder la mise en liberté sous caution, sur la demande de l'accusé (1). « Ce serait éluder « la justice publique que de recevoir à caution pour des « crimes énormes, dit Blackstone, il est pourtant des cas, « quoique rares, où il serait cruel et injuste de détenir un « homme en prison quoique accusé du plus grand crime (2). »

On a vu que l'acte du cautionnement indique le juge ou le tribunal devant lequel doit comparaître l'accusé, et le lieu, le jour et l'heure de la comparution ; l'extrait de cet acte qui est délivré à l'inculpé porte la signature du magistrat, comme l'acte lui-même, et il reproduit les mêmes indications (3). Il résulte de là que toutes

---

« puissent pas être produits alors. » Si au second terme ou à la seconde session qui suit celle où elle n'a pu être jugée, elle n'est pas déférée et jugée, elle doit être mise en liberté. (Blackstone, loc. cit., livre III, chap. VIII). Les sessions d'*oyer et terminer* tiennent tous les six mois seulement, en même temps que les sessions des assises.

(1) 3, 4 Vict. reg., cap. LXXXIV, sec.9. — 11, 12 Vict. reg., cap. XLII, sec. 23. Ce dernier article permet en termes formels d'admettre à caution pour tous les crimes et délits. Seulement, dans les cas qualifiés *treason*, il faut l'ordre d'un des secrétaires d'État ou de la Cour de la reine, et, pour certains crimes, la caution ne peut être admise que lorsque l'instruction par écrit est terminée. Dans tous les cas, la caution peut être admise jusqu'au jour du jugement, même après le *commitment for trial*.

(2) Blackstone, livre IV, chap. XXII.

(3) Voici la traduction de l'extrait ou *notice* de l'acte de cautionnement qui est remis au défendeur et à ses garants, tel que le donne la *cédule* E, 11 et 12 Vict. cap. XLIII : « Ayez connaissance que vous, A. B. (le défendeur), vous êtes « obligé à la somme de..., et vous, L. M. (le garant), à la somme de...; que « vous, A. B, vous comparaîtrez en personne le..., à..., heures à..., devant tels « juges de paix dudit comté qui s'y trouveront, pour répondre à la délation « ou à la plainte de C. D., dont l'audition a été ajournée à cette date et à ce « lieu, et que si vous ne comparaissez pas conformément à la reconnaissance

les fois que la mise en liberté sous caution est accordée, il devient inutile d'assigner l'inculpé; il est suffisamment mis en demeure de se présenter par l'acte de cautionnement lui-même; et comme l'acte et l'extrait se délivrent *sans frais* (1), c'est un moyen d'ajournement simple et économique. C'est peut-être cette utilité pratique qui a contribué à multiplier en Angleterre l'usage de l'acte de cautionnement (*bail of recognizance*). On s'y sert du *bail* à toutes les phases de la procédure, depuis l'arrestation jusqu'au jugement; on l'impose même aux témoins, dont on assure ainsi la comparution devant les cours supérieures et le jury en même temps que celle de l'accusé (2).

Tout individu arrêté la nuit, sans *warrant*, est conduit à la station des constables la plus rapprochée. S'il est inculpé d'un fait léger ou d'un délit de la compétence du juge de police (3), au lieu de le retenir au corps de garde jusqu'au moment où s'ouvrira l'audience, le constable peut, s'il estime que ce ne soit pas imprudent, le relâcher sous caution, à la condition de se présenter à cette audience le lendemain matin, à dix heures, ou le surlendemain, si le lendemain est un jour férié. Le *bail of recognizance* reçu par le constable a la même force que s'il avait été reçu par les juges de paix ou par les magistrats de police (4).

« souscrite par vous, A. B, et par L. M., comme votre garant, vous et lui, vous « serez contraints à les payer. Daté ce...., jour de..., 18... » (suit la signature du magistrat).

(1) *Without fee or reward*, littéralement : « sans émolument ou récompense. » Le législateur a eu le soin de répéter ces expressions toutes les fois qu'il parle de la mise en liberté sous caution.

(2) 11, 12 Vict. reg., sec. 20, cap. XLII. Les témoins qui refusent de souscrire à la caution peuvent être envoyés en prison, si l'inculpé est détenu.

(3) *Petty misdemeanor.... any offence which is liable to be summarily convicted before a magistrate...*

(4) 10 Georgii IV, cap. XLIV, sec. 9. — 2, 3 Vict. reg., cap. XLVII, sec. 70. Seulement, le mode de constater le *bail of recognizance*, n'est pas le même. Le constable inscrit sur un registre spécial, déposé à cet effet dans chaque sta-

Lorsque la personne arrêtée est accusée de félonie, d'un ait puni de la transportation ou de tout autre délit grave, le constable peut exiger que le plaignant lui-même s'engage sous caution à se représenter devant le magistrat du district, au lieu et à la date qui lui sont indiqués; si le plaignant refuse, le constable est autorisé, malgré la gravité de l'inculpation, à mettre immédiatement l'accusé en liberté sous caution, s'il le juge convenable (1).

Les juges de paix ou les juges de police, agissant comme magistrats instructeurs, soumettent au cautionnement l'inculpé qu'ils ne croient pas devoir détenir préventivement, toutes les fois que l'instruction exige une remise à un jour plus éloigné. Lorsque l'instruction est terminée, c'est encore par un *bail of recognizance* qu'ils l'obligent à se présenter devant la Cour criminelle centrale ou devant les Cours des sessions générales ou de quartier, pour y être jugé (2). S'il s'agit de faits sur lesquels les magistrats saisis peuvent statuer définitivement, ils se servent du *bail* dans tous les cas d'ajournement sans détention, pour crimes ou délits, même si l'inculpé avait comparu d'abord sur une simple citation. *La prison ou la caution*, telle est invariablement l'alternative posée par la loi quand elle prévoit que l'affaire ne sera pas terminée dans la première audience (3).

L'appel des jugements des juges de paix ou des magis-

---

tion : le nom, la demeure et la profession de l'inculpé et de ses garants (s'il lui en est demandé), les sommes exigées, et le jour et le lieu fixés pour la comparution. Ce registre est représenté au juge au moment de l'audience. Si l'inculpé ne comparaît pas à l'heure indiquée ou dans l'heure qui suit, ou que personne ne comparaisse pour lui afin d'obtenir un délai, le juge fait signer par le constable une expédition du *bail*; il constate au dos la non comparution, et la procédure pour faire payer les cautions se suit à partir de ce moment, comme si l'acte avait été reçu par le juge de paix.

(1) 2, 3 Vict. reg., cap. XLVII, sec. 71.

(2) 11, 12, Vict. reg., cap. XLIII, sec. 3; et 2, 3 Vict. reg., cap. LXXI, sec. 36.

(3) 11, 12, Vic. reg. cap. XLIII, sec. 9, 13, 16. Voir aussi les statistiques officielles, et plus loin, page 33, la note 2.

trats de police, lorsqu'ils ne statuent pas en dernier ressort, n'est admis que si, au moment même où le jugement vient d'être rendu, ou au plus tard dans les quarante-huit heures qui suivent, l'appelant s'engage, sous caution, à se représenter à la session où l'appel doit être jugé, à subir la peine qui sera prononcée et à payer les frais. Il faut de plus qu'il trouve deux personnes qui consentent à s'engager avec lui (1). Les témoins entendus en première instance, peuvent alors être forcés de prendre aussi l'engagement sous caution de se présenter devant le tribunal d'appel, pour y être entendus de nouveau (2).

Enfin, après la condamnation, la caution est souvent exigée, soit pour assurer l'emprisonnement du coupable pour le cas ou son insolvabilité serait plus tard constatée, s'il a été condamné à l'amende ou au paiement d'une somme d'argent (3), soit pour prévenir une récidive et comme garantie de bonne conduite à l'avenir (4).

Il n'est pas même nécessaire qu'il y ait eu une condamnation préalable. La caution de bonne conduite peut être exigée pour un temps déterminé ou pour toute la vie, de

---

(1) 2, 3 Vict. reg., cap. LXXI, sec. 36.

(2) Ibid.

(3) 11, 12 Vict. reg., cap. XLIII, sec. 19, 20 et suiv. Pour assurer l'exécution d'une condamnation à l'amende ou au paiement d'une somme quelconque, le juge donne un *warrant* ordonnant la saisie et la vente du mobilier. S'il est constaté que le mobilier est insuffisant, ou que l'exécution du *warrant* serait *ruineuse pour le défendeur*, il est envoyé en prison, où il reste détenu pendant un temps fixé par le juge, et dont le maximum, proportionné à la somme due, est déterminé par la loi. Le condamné peut même, dans ce cas, sur l'ordre du juge, être soumis au travail forcé (*hard labour*), qui est une aggravation sérieuse de la peine.

(4) En voici un exemple que je prends dans un journal anglais récent. Un mari qui avait grièvement battu sa femme, a été condamné à Londres à six mois de prison avec travail forcé, et le jugement porte qu'à l'expiration de la peine il sera requis de trouver deux garants pour la somme de vingt livres sterling chacun (500 fr.), et lui-même de s'engager sous le paiement d'une somme de quarante livres (1,000 fr.) à garder la paix *(to keep the peace)* pendant six mois. (Galignani's ; 31 juillet 1862).

toute personne suspectée d'être disposée à commettre des actes défendus par les lois. Les juges de paix peuvent l'imposer d'office ou sur la requête de toute personne intéressée. Si le défendeur ne peut pas trouver les garants qui lui sont demandés, ce qui arrive quand il n'est pas solvable et que les sommes fixées pour la caution sont élevées, le juge peut le faire mettre immédiatement en prison jusqu'à ce qu'il les ait trouvés, quoiqu'il ne soit coupable d'aucun délit. C'est le système du cautionnement et de l'emprisonnement préventif poussé jusqu'à ses limites extrêmes (1).

---

(1) Blackstone, loco cit., livre IV, chap. XVIII, traite *in extenso* des cautions *de pace et legalitate tuendâ*, dont il fait remonter l'origine au roi Edouard le Confesseur. « C'est, dit-il, une justice préventive; et une justice qui prévient « le crime mérite à tous égards, en bonne politique et selon tous les princi-« pes de la raison et de l'humanité, d'être préférée à celle qui punit. » Il énumère ainsi les cas où la caution peut être demandée : « 1° Le juge de paix « peut, *ex officio*, exiger une obligation de garder la paix de tous ceux qui en « sa présence commettent quelque désordre, menaçent quelqu'un de coups « ou de la mort, ou disputent ensemble avec chaleur; de tous ceux « qu'il connaît pour chicaneurs et hargneux; de tous ceux qui sont traduits « à son tribunal par le constable pour infraction de la paix... De même, quand « un particulier a de bonnes raisons pour craindre qu'un autre ne brûle sa « maison, ou ne lui fasse une injure corporelle, ou qu'il ne procure aux au-« tres les moyens de le faire, il peut demander sûreté de la paix contre cette « personne, et tout juge de paix est obligé de l'accorder, si celui qui la de-« mande offre de prêter serment qu'il a réellement lieu de craindre qu'on ait « dessein de lui nuire; qu'il prouve que sa crainte est fondée, et qu'il affirme, « en outre, qu'il ne requiert point cette sûreté par malice ou par pure vexa-« tion. Si la partie accusée ne trouve pas une caution telle que le juge la requiert, « elle peut être immédiatement mise en prison, jusqu'à ce qu'elle l'ait « trouvé; 2° les juges sont autorisés, par le statut 34 d'Edouard III, chap. I, « de faire passer une obligation de bonne conduite envers le roi et son peuple, « à tous ceux qui ne jouissent pas d'une bonne réputation, quelque part qu'on « les trouve... sous les termes généraux de cette expression : *qui ne jouissent* « *pas d'une bonne réputation*, on tient qu'un homme peut être obligé de sous-« crire une obligation de bonne conduite, pour cause de scandale *contrà bo-« nos mores*, aussi bien que *contrà pacem*. Par exemple : pour fréquentation « de mauvais lieux avec des femmes de mauvais renom; pour tenir ces sortes « de femmes dans sa maison; pour *des propos qui tendent à décrier le gou-« vernement* ou à insulter les officiers de justice, particulièrement dans l'exé-

Le pouvoir accordé aux magistrats anglais de détenir les inculpés ou de les mettre en liberté sous caution est ainsi presque illimité, mais il ne s'exerce pas sans recours. Si un magistrat refuse d'admettre à caution un accusé, où s'il demande une caution plus considérable que ne l'exige la nature du délit, les cours supérieures peuvent réformer ses décisions ; d'un autre côté, si le magistrat demande une caution insuffisante, il est exposé à être condamné à l'amende lorsque l'inculpé ne comparaît pas (1).

V. — Application en France et en Angleterre des lois sur l'arrestation et la détention préventives et la mise en liberté sans caution.

Dans le rapide exposé qui précède nous nous sommes borné à l'examen des textes. Mais, surtout en matière de police et d'instruction criminelle, il ne suffit pas de con-

« cution de leur office. Un juge peut aussi exiger cette obligation de tous les « coureurs de nuit, de ceux qui écoutent aux portes, de ceux qui fréquentent « mauvaise compagnie, ou qui passent pour des escrocs ; de ceux qui dorment « le jour et rôdent la nuit ; des ivrognes d'habitude ; des intrigants malhon- « nêtes ; des pères putatifs de bâtards ; des félons, des vagabonds et fainéants ; « en un mot de toutes les personnes que leur mauvaise conduite peut raison- « nablement faire comprendre dans les termes généraux du statut, comme « personnes de *mauvais renom* ; expression dont l'acception est, à la vérité, si « étendue qu'elle laisse beaucoup à faire à la discrétion du juge ! Mais s'il em- « prisonne un homme, faute par lui de trouver des cautions, il doit exprimer « la cause de l'emprisonnement avec une certitude convenable et prendre « garde que cette cause soit bien fondée. » Tout commentaire serait ici inutile ; il ne sera douteux pour personne que si les magistrats anglais usaient dans toute sa rigueur du pouvoir discrétionnaire qui leur est ainsi donné contre les individus suspects, les prisons de l'Angleterre ne suffiraient pas pour contenir tous les détenus. Ils en usent avec modération, mais cependant très-largement. Il résulte des statistiques criminelles que pour Londres seul : 1,346 personnes en 1858 ; 1,365 en 1859 ; 1,341 en 1860, ont été astreintes à la caution par les juges de police ; et pour toute l'Angleterre (*England and Wales*) le nombre des personnes poursuivies à défaut de cautions pour infraction à la paix (*breaches of the peace*) a été de 8,891, en 1858, et de 10,697, en 1859.

(1) Blackstone, livre IV, chap. XXII.

naitre les textes pour apprécier une législation, il faut savoir aussi comment ils sont habituellement interprétés et appliqués.

Nous avons déjà fait remarquer que, relativement à l'arrestation et à la détention préventives, le législateur ne peut donner que des règles générales. Une loi qui essaierait de déterminer à l'avance tous les cas particuliers où l'on doit arrêter un inculpé et le détenir préventivement, serait, dans l'application, toujours incomplète et insuffisante, et le plus souvent injuste et tyrannique; elle ne protégerait pas suffisamment la société, parce qu'elle entraverait l'action de la justice; elle laisserait libres, dans un grand nombre de cas, des coupables dangereux; et, en même temps, elle obligerait à détenir des inculpés dont l'arrestation serait inutile. Il est impossible au législateur de prévoir toutes les circonstances qui peuvent modifier un fait; tous les indices qui peuvent charger ou disculper un accusé ; toutes les exigences d'une instruction criminelle. Quoi que l'on fasse, on ne peut éviter la nécessité de laisser au magistrat une certaine latitude d'appréciation, et principalement le droit d'ordonner ou de ne pas ordonner l'arrestation ou la détention préventives, suivant qu'il le juge nécessaire. Il vaut encore mieux s'en rapporter à ses lumières, à sa prudence et à sa conscience, et s'exposer même à quelques erreurs, que de lui imposer une loi inflexible et aveugle qui frapperait au hasard. C'est ce qui a été compris en Angleterre comme en France. Mais, Anglais ou Français, un magistrat est un homme soumis comme les autres à l'action de la société au milieu de laquelle il vit ; les mœurs générales, les traditions, les usages influent, même à son insu, sur ses appréciations et sur ses décisions : il en est résulté que, chez les deux peuples, il s'est établi dans l'application des lois sur l'instruction criminelle, et spécialement en ce qui concerne l'arrestation et la détention préventives, certaines habitudes, certaines coutumes qui, sans être en opposition avec la loi, ont pour conséquence que la pratique ne répond pas toujours à l'idée que l'on pourrait s'en faire à la simple lecture du texte. Ce sont ces habitudes et ces coutumes qui, bien plus encore que les textes, produisent les différences qu'on a signalées entre la procédure criminelle en France et la procédure criminelle en Angleterre. Ces différences, d'ailleurs, ne sont pas aussi radicales qu'on s'est plu à le répéter. La plupart sont plus apparentes que réelles ; elles consistent bien plus dans la forme que dans les faits ; et quand on tient compte de l'organisation judiciaire et de la classification des délits, qui sont si différentes dans les deux pays, elles se réduisent le plus souvent à quelques points d'une importance secondaire.

Constatons d'abord les faits :

Le nombre des arrestations préventives est beaucoup plus considérable en Angleterre qu'en France. On en trouve la preuve irréfutable dans le tableau suivant, dont les chiffres sont empruntés aux statistiques officielles (1).

	Population.	Nombres des personnes arrêtées.	
		1858.	1859.
Angleterre.........	17.927.609	434.492	419.929
France............	36.039.364	66.680	59.781
Londres...........	2.362.236	74.360	64.281
Paris.............	1.727.419	13.106	13.076

Il résulte de ces chiffres qu'en prenant le terme moyen pour les deux années, sur 1,000 personnes, la police en a arrêté en Angleterre 24 et à Londres 29 ; tandis qu'en

(1) Dans ce tableau, les chiffres pour l'Angleterre sont ceux qui appartiennent à l'Angleterre proprement dite : *England and Wales*, à l'exclusion de l'Écosse et de l'Irlande. Ils sont tirés des pages 90 et 91 du volume intitulé : *Miscellaneous statistics of the united kingdom*, 1861, présenté au Parlement par ordre de la reine, dont je dois la communication à l'obligeance de M. Legoyt, chef de la division de la statistique générale de France. Les chiffres, pour la France, sont ceux des comptes-rendus de l'administration de la justice criminelle pour les années 1858 et 1859, tableaux CXXIII et CXXXIV. Les chiffres pour Paris et Londres sont exacts ; ils donnent le nombre de tous

France il n'en a été arrêté que 1,8 et à Paris que 7,5. La disproportion est énorme.

Il n'en est pas de même pour les détentions préventives (1) :

	Nombre des Inculpés détenus préventivement (1).	
	1858.	1859.
Angleterre	36.342	32.303
France	66.680	59.781
Londres	2.654	2.853
Paris	9.248	10.615

---

les individus arrêtés par la police dans ces deux villes et conduits devant le magistrat de l'ordre judiciaire. Les chiffres pour la France entière, ne comprennent pas les individus arrêtés mis en liberté sur-le-champ par les magistrats devant lesquels ils ont été amenés. Les statistiques ne donnent que pour Paris le chiffre total des arrestations. Si les proportions étaient les mêmes pour toute la France que pour Paris, on aurait le nombre exact des individus arrêtés en augmentant le chiffre des arrestations en France de 0,41 pour la première année, et de 0,22 pour la seconde ; ce qui donnerait en 1858 100,020 arrestations, et en 1859, 72,932 : la différence entre ces chiffres et ceux qui sont donnés plus haut indiquerait le nombre des individus immédiatement relâchés.

(1) Les Anglais soutiennent qu'il n'y a pas de détention préventive en Angleterre. C'est une querelle de mots. Il y a détention préventive toutes les fois qu'un inculpé est détenu avant d'avoir été condamné ou acquitté. On amène au juge de police un inculpé ; les témoins n'ayant pu comparaître, il ordonne qu'il sera *remanded,* c'est-à-dire qu'il restera en prison jusqu'au jour fixé pour une nouvelle comparution. Le *Remanded* est détenu préventivement. Peu importe qu'il soit, à la seconde audience, condamné ou acquitté; la détention préventive aura pu être très-courte, mais il y aura eu détention préventive. Le juge ordonne qu'un inculpé sera *committed for trial,* mis en prison jusqu'au jugement ; qu'un autre qui a été admis à caution et qui n'a pas pu trouver des garants, *want of sureties,* sera emprisonné jusqu'à ce qu'il les trouve ou jusqu'à ce qu'il ait été jugé. C'est encore ce que nous appelons en français une détention préventive. Ce fait étant mis hors de contestation, voici comment se décomposent les chiffres donnés plus haut ; je copie textuellement :

Crimes : Prisons — in England and Wales (*miscelleaneous statistics,* page 64.)

	Committed for trial.	*Want of sureties.*	*Remanded and discharged.*	Totaux.
1858.	20.212	3.611	12.519	36.342
1859.	16.904	3.363	11.726	32.303

Les *remanded and discharged* répondent à la mise en liberté, en France,

Ici l'avantage reste aux Anglais; mais il n'est pas aussi considérable que l'indiquent les chiffres; peut-être même n'est-il qu'apparent. Les chiffres donnés par les statistiques anglaises ne comprennent pas les inculpés qui, après avoir été détenus préventivement, ont été condamnés par le tribunal de police. Pour Londres, ils ne comprennent pas même ceux qui, après avoir été détenus préventivement, ont été acquittés. Ces deux catégories augmentent dans une forte proportion les nombres des individus détenus préventivement en France et à Paris. Les chiffres indiqués pour Londres donnent uniquement le nombre des détenus renvoyés devant le jury soit aux *quarters sessions*, soit à la cour criminelle centrale. Si l'on s'en tenait de même, pour Paris, aux détenus renvoyés devant les assises, le chiffre de 9,248, pour 1858, serait réduit à 542; et le chiffre de 10,615, pour 1859, à 604. On tomberait alors dans l'erreur inverse. On omettrait, pour Paris, les détentions préventives des inculpés traduits devant la police correctionnelle, comme on a omis, pour Londres, les *remanded* du tribunal de po-

---

après détention préventive, par ordonnance de non-lieu ou acquittement. Mais il y a aussi les *remanded and convicted*, les condamnés après détention préventive; la statistique anglaise n'en indique pas le nombre. Ils sont confondus avec les *summarily convicted*, les condamnés à la prison par les Cours de police, dont le nombre s'est élevé à 83,128 en 1858, et à 74,769 en 1859. Toutes les personnes qui ont suivi les audiences à Londres savent combien le mot *remanded* revient souvent; pour l'honneur de la justice anglaise, on ne peut pas admettre qu'elle n'ait *remanded* que des inculpés qu'elle a ensuite acquittés. Il faudrait, je crois, au moins doubler le nombre des *remanded and discharged* pour avoir celui des *remanded and convicted;* cette proportion est plus que dépassée en France entre les détenus acquittés et les détenus condamnés: elle est de 1 sur 14. S'il y avait eu seulement 24,000 *remanded and convicted* en 1858, et 22,000 en 1859, le nombre des détentions préventives serait relativement plus élevé en Angleterre qu'en France. Pour Londres, la statistique ne donne (*miscel. stat.* p. 91) que le nombre des *committed for trial*, elle supprime les deux autres catégories; l'inexactitude est encore plus grande. Les chiffres pour la France et Paris sont tirés des tableaux CXXI, et CXXXII ou CXXXIV des Comptes-rendus.

lice; mais on n'arriverait pas à un résultat exact, parce qu'une partie des délits jugés à Paris par la police correctionnelle sont jugés à Londres par le jury aux *quarters sessions*. La différence qui existe entre les organisations judiciaires et les classifications des délits et des crimes dans les deux pays, ne permet de comparer que les résultats généraux donnés par la statistique. Malheureusement les statistiques judiciaires anglaises ne sont pas complètes. Si l'on pouvait s'en rapporter aux comptes-rendus des audiences des juges de police donnés par les journaux anglais, sur 100 inculpés amenés à la barre par la police, 30 environ sont ajournés à une autre audience et mis en état de détention préventive (1). Si cette proportion était adoptée, en en faisant l'application seulement aux condamnés, il faudrait porter le nombre des individus détenus préventivement à Londres à 13,516, pour l'année 1858, et à 12,222, pour l'année 1859, ce qui rétablirait l'égalité entre Londres et Paris. Ces chiffres ne s'éloignent probablement pas beaucoup de la vérité.

En France, le nombre des mises en liberté sous caution ne dépasse pas 372 (2) en terme moyen, par année; en Angleterre, il est considérable; il nous est impossible d'en fixer le nombre et la proportion : les statistiques ne les indiquent pas. On peut s'en faire une idée approximative, par ce fait que le nombre des inculpés admis à caution, incarcérés parce qu'ils n'ont pu fournir des garants, ce qui est le cas le plus rare, ne s'élève pas à moins de 3,000 chaque année. Mais il importe de remarquer qu'en France, si sur

---

(1) J'ai relevé moi-même avec soin sur un journal anglais les comptes-rendus des audiences des *Police courts* pendant le mois de septembre dernier. Sur 314 inculpés que concernaient ces comptes-rendus, 104 ont été *remanded*. La sec. 21, 11 and 12 Vict. reg., cap. XLII, fixe à huit jours le maximum du délai de *remand to the common gaol or other prison*; mais l'inculpé peut être *remanded* de huitaine en huitaine jusqu'à l'issue de la procédure.

(2) Il a été de 388 en 1858; 323 en 1859; 407 en 1860. Comptes-rendus, états CXXI.

169,953 inculpés qui, en terme moyen, sont traduits par année devant les différentes juridictions, 61,968 sont détenus, 107,985 restent libres *sans caution* (1). En Angleterre tous les inculpés de crimes ou délits sont *committed or bailed for trial*, détenus préventivement ou obligés de donner caution jusqu'au jugement. On ne met en liberté pure et simple que ceux contre lesquels il n'existe pas des charges suffisantes; les citations, *summons*, sont réservées pour quelques contraventions; leur nombre est bien inférieur à celui des arrestations (2).

Le chiffre élevé des arrestations préventives à Londres, comparé à celui des individus arrêtés mis en liberté parce qu'il n'existe contre eux aucune charge, démontre l'erreur dans laquelle on est tombé en accusant la police française de moins respecter la liberté individuelle que la police anglaise. A Londres, les magistrats sont obligés de mettre en liberté 471 individus sur 1,000 arrêtés ; à Paris, la proportion n'est que de 290 sur 1,000 (3).

		1858	1859	1860	Terme moyen sur 1,000
(4) Londres	mis en prison..	74.360	64.281	62.937	1.000
	déchargés......	35.494	28.863	29.717	471
Paris	arrêtés........	15.306	13.964	16.336	1.000
	mis en liberté..	6.058	3.349	4.920	290

Il n'est peut-être pas inutile de faire remarquer que l'institution du ministère public n'existe pas en Angleterre,

(1) Le nombre total des individus poursuivis a été de 179,128 en 1858 ; de 168,560 en 1859 ; de 162,176 en 1860. Le nombre des détenus a été donné plus haut pour 1858 et 1859; pour 1860 il est descendu à 59,144.

(2) Les *Miscellaneous statistics* ne donnent pas le nombre des *summons* mais on peut le déduire, pour l'Angleterre (*England and Wales*), de la comparaison des tableaux n° 5, page 89, et n° 6, page 90. Sur 404,034 personnes poursuivies en 1858, 30,458 seulement ont été citées; les autres ont été arrêtées. En 1859, sur 419,929 personnes poursuivies, il n'en a été cité que 27,119.

(3) A Liverpool, page 95, loc. cit., le nombre des mises en liberté a été de 532 sur 1,000 arrestations, en 1858, et de 498 en 1860.

(4) Pour Londres, voir *Miscell. stat.* page 91 ; pour Paris, les états CXXXII ou CXXXIV des Comptes-rendus.

ce qui tendrait à prouver que cette institution n'influe pas sur le nombre des arrestations sans mandat comme on aurait pu le supposer. Elle sert plutôt à accélérer les mises en liberté lorsque l'arrestation a été faite par la police sans motifs suffisants. Sur les mises en liberté du tableau qui précède, 2,200 en 1858, 888 en 1859, 1,181 en 1860, ont été ordonnées par le ministère public au moment où les inculpés arrêtés lui ont été amenés.

Le nombre des arrestations, en Angleterre, n'a rien qui doive étonner; il est une conséquence directe de la loi; nous avons vu qu'elle avait tout prévu pour les faciliter. Plusieurs causes contribuent d'ailleurs à les multiplier. La première est précisément la promptitude et la facilité avec laquelle ces arrestations peuvent être suivies d'une mise en liberté provisoire, au moyen de l'acte de cautionnement reçu soit par le constable lui-même, soit par le magistrat devant lequel il est amené. Les arrestations deviennent alors, dans un grand nombre de circonstances, une simple formalité dont le but est d'assurer la comparution des personnes arrêtées, devant le tribunal de police. Il y a aussi un motif d'économie. En Angleterre, les actes de procédure coûtent fort cher, et souvent les frais de poursuites tombent à la charge des comtés. Il est plus simple, plus expéditif et moins coûteux de conduire immédiatement l'inculpé à l'audience : c'est probablement à cette cause que les Anglais doivent un grand nombre d'arrestations pour de simples contraventions sans gravité.

La différence que nous avons signalée entre le nombre des arrestations et celui des poursuites, ne s'explique pas seulement par le zèle imprudent des agents de la police. Les Anglais n'ayant pas de magistrats chargés, comme le ministère public en France, de poursuivre les délits au nom de la société, les poursuites, excepté pour les crimes graves, n'ont lieu ordinairement qu'à la requête de la partie lésée. Mais ces poursuites ne sont pas sans péril pour le plaignant; elles l'exposent, en cas d'acquittement de l'inculpé, à des condamnations, à des frais considérables et à des dommages intérêts, dont le payement, en cas d'insolvabilité, se transforme immédiatement en un emprisonnement qui peut aller jusqu'à un mois de travail forcé (1). Il en résulte que, si la preuve du fait incriminé présente quelques difficultés, afin de ne pas encourir les conséquences d'un acquittement, le plaignant refuse de porter plainte lorsqu'il est appelé devant le magistrat après l'arrestation de l'inculpé par la police; ou qu'il se désiste, si l'arrestation a eu lieu sur sa plainte. Les plaintes sont aussi souvent arrêtées par des transactions qui, en faisant disparaître le dommage, ne laissent plus aucun but à la poursuite dans un intérêt privé (2). Dans ces circonstances, le juge relâche l'inculpé, si la poursuite n'est pas reprise au nom du souverain, ce qui n'a jamais lieu que lorsque le délit est très-grave.

Le résultat immédiat du grand nombre des mises en liberté sous caution, est de diminuer le nombre des détentions préventives. Cependant ce nombre n'est pas aussi réduit en Angleterre qu'on le suppose en France. Toutes les fois que les faits ont une gravité exceptionnelle ou que l'inculpé n'a pas de bons antécédents, ou qu'il existe quelque raison de croire qu'il ne se représentera pas, la mise en liberté sous caution est refusée; seulement elle l'est rarement, lorsqu'il n'existe pas des motifs sérieux pour ne pas l'accorder. On peut dire qu'en Angleterre la mise en liberté sous caution est la règle, et la détention préventive l'excep-

---

(1) Blackstone, chap. 23; 11, 12 Vict. reg., cap. 43, sec. 18; 2, 3 Vict. reg. cap. 71.

(2) La sec. 33, cap. LXXI, 2, 3, Vict. reg., interdit les transactions, sans la permission du magistrat, au délateur qui n'a pas été personnellement lésé par le délit. Cet article a pour but de prévenir les spéculations coupables fondées sur la crainte d'un procès criminel, et d'assurer la répression des faits dénoncés. Mais le législateur n'est pas allé jusqu'à interdire une transaction à la partie lésée.

tion. Les cautions demandées par le constable pour des contraventions, sont ordinairement de 40 schillings, le maximum de l'amende; mais celles qui sont exigées pour les délits ou les crimes sont habituellement très-élevées, ce qui équivaut quelquefois à un refus (1). Il est, en effet, impossible à l'inculpé de trouver des garants s'il n'a pas une fortune suffisante pour répondre des sommes à payer. Nous avons vu que chaque année un assez grand nombre de personnes restent détenues pour ce motif, après avoir été admises à caution.

Le nombre des arrestations pour tout l'empire français n'atteint pas le chiffre des arrestations pour la ville de Londres. Les personnes domiciliées sont rarement arrêtées pour des délits ordinaires, excepté à Paris. Dans cette ville, les inculpés sont moins connus, et il serait plus difficile de les retrouver s'ils voulaient plus tard se dérober aux recherches.

Les détentions préventives, au contraire, y sont nombreuses, et malgré les prescriptions de la loi et les instructions ministérielles, elles atteignent souvent des personnes dont la comparution aurait pu être assurée sans recourir à cette mesure rigoureuse. Le contraste que présentent, sous ce rapport, la France et l'Angleterre, tient à plusieurs causes. En Angleterre les mœurs ont corrigé ce que la loi a de trop rude; on y tient compte des individus un peu plus que de l'intérêt général; la loi sur les cautions est simple et efficace; l'habitude est

---

(1) En voici quelques exemples tirés des audiences du mois de septembre dernier; lettre de change obtenue par fraude, caution : 300 liv. (7,500 francs) pour l'inculpé, 150 liv. (3,750 francs) pour chacun des deux garants; vol de blé sur un bateau, 100 liv. (2,500 francs); mort accidentelle causée par une voiture menée trop vite, quatre garants de 50 liv. (1,250 francs) chacun; attaque indécente d'une jeune fille, 150 liv. (3,750 francs) pour l'inculpé, et deux garants de 75 liv. (1,875 francs) chacun; recel, 100 liv. (2,500 francs) pour l'inculpé, et deux garants de 50 liv. (1,250 francs) chacun; vol, 40 liv. (1,000 francs), etc. Nous ne parlons pas ici des cautions de bonne conduite, *to keep the peace*, qui n'ont plus le même objet que la caution substituée à la détention préventive.

prise depuis des siècles de l'appliquer et au civil et au criminel; les décisions des juges ne sont soumises au contrôle d'aucun pouvoir hiérarchique; tout concourt à favoriser les mises en liberté sous caution. En France, les corps judiciaires restent un peu en dehors du mouvement des mœurs générales; ils ont conservé quelque chose de la raideur de l'ancienne magistrature parlementaire, et ils apportent dans leurs fonctions une certaine sévérité traditionnelle; la surveillance hiérarchique leur impose une responsabilité qui fait hésiter quelquefois les magistrats sur l'opportunité d'une mise en liberté; la loi sur les cautions est plus qu'imparfaite et ne présente aucune garantie sérieuse : tout contribue à multiplier les détentions préventives.

La mise en liberté sous caution est en France une rare exception. Il ne faudrait pas cependant en conclure immédiatement l'infériorité de la loi française, et admettre, comme on l'a dit, que la détention préventive soit la règle. La règle, c'est *la liberté pure et simple*. On a beaucoup vanté, et avec raison, le système anglais de la liberté sous caution; mais, en le comparant et en l'opposant au système français, on n'a pas toujours vu que, dans la plupart des circonstances où le juge anglais laisse un inculpé en liberté *sous* caution, le juge français le laisse en liberté *sans* caution. Dans le système anglais, la liberté pure et simple est à peu près supprimée; *committed or bailed*, la prison ou la caution, voilà la seule alternative laissée à l'inculpé. Dans le système français, au contraire, le point de départ est la liberté pure et simple. La détention est restreinte, en principe, aux cas de nécessité, et la caution n'est regardée que comme un moyen terme, qui remplace la détention quand rien ne s'y oppose. Ce système est évidemment plus libéral, plus humain, plus conforme aux véritables principes de la justice et du droit que le système anglais. Il ne lui manque pour être à l'abri de toute critique, que l'adoption du mode suivi en Angleterre pour le cautionnement.

Pour apprécier plus exactement les résultats pratiques des deux systèmes, que l'on suppose un instant un échange entre les deux peuples : la loi française mise en vigueur à Londres, et la loi anglaise appliquée à Paris. Quelques inculpés anglais détenus murmureraient peut-être parce qu'ils se persuaderaient que, sous la loi anglaise, ils auraient été admis plus facilement à caution ; mais certainement les habitants de Londres s'habitueraient promptement aux citations directes substituées aux arrestations et aux cautions. A Paris, le système anglais soulèverait un concert unanime de plaintes, et il serait impossible de l'appliquer six mois. Le système de la caution généralisé et substitué aux citations, serait avec raison considéré comme une fâcheuse aggravation de la sévérité de l'instruction criminelle. Les arrestations, dont le nombre serait triplé et même quadruplé, faites à chaque coin de rue pour la contravention la plus ordinaire ; l'obligation de suivre les agents à l'audience ; l'omnipotence de la police dont l'abus se révélerait, comme à Londres, par la quantité des arrestations reconnues inutiles par les magistrats, ne tarderaient pas à révolter l'opinion publique. Aujourd'hui déjà elle supporte avec quelque impatience l'action de la police, qui est cependant très-modérée, comparée à celle de Londres.

Les Anglais eux-mêmes n'acceptent pas toujours avec résignation le régime auquel ils sont soumis. On a beaucoup parlé de leur respect pour les agents de la police, qui représentent la loi ; de la politesse et de la mansuétude des *policemen ;* on a cherché à expliquer par un moins grand respect pour la loi, et par les formes agressives et violentes que l'on a attribuées à la police en France, les réclamations qui échappent à l'impatience française, en présence d'un nombre d'arrestations si inférieur à celui que supporte sans sourciller le flegme anglais. En France, nous sommes toujours trop portés à nous calomnier et à exalter nos voisins. Il faut faire la part du caractère national et du sang qui est plus vif en France qu'en Angleterre, mais il ne faut rien exagérer. En réalité, la loi et ses agents ne sont pas moins respectés en France qu'en Angleterre ; le service des agents n'y rencontre pas plus de difficultés, et l'on peut affirmer que, dans les conditions ordinaires, les agents de la police française n'ont pas moins d'humanité et de douceur envers les inculpés que les agents de la police anglaise.

Il importe de rétablir les faits.

Il ne se passe pas de jour à Londres que les agents de la police ne soient insultés et maltraités. On en a la preuve dans les condamnations prononcées dans les Cours de police. A Londres seulement, le nombre des personnes condamnées pour attaques contre la police s'est élevé à 3,270 en 1858; 2,709 en 1859; 3,207 en 1860. Dans le même espace de temps, 110 inculpés ont été renvoyés devant le jury pour des faits de la même nature (1). Le prétendu respect que le peuple anglais porte à la police reçoit, comme on le voit, de fréquentes atteintes.

La réputation que l'on a faite aux *policemen* est sans doute méritée; mais les hommes sont les mêmes dans tous les pays, et, surtout dans un corps nombreux quelque bien choisi qu'on le suppose, il y a toujours quelques exceptions; il y en a à Londres comme à Paris. Il n'y a pas un mois, qu'un des juges de police de Londres, en acquittant une personne poursuivie pour insultes à un agent, proclamait que tous les torts étaient du côté de l'agent et qu'une plainte pouvait être portée contre lui (2). Il y a par an, à Londres, près de 200 acquittements dans des circonstances analogues. Au mois de juillet dernier, un agent qui conduisait en prison un malfaiteur dangereux crut remarquer qu'il regardait une personne qui passait

(1) Page 91, *Miscell. stat.*, état n° 2. A Paris, le nombre des condamnations pour rébellion a été de 645 en 1858; 709 en 1859, 965 en 1860.

(2) Lambeth police court, 23 septembre et 1er octobre, Frédéric Palmer.

de manière à faire supposer qu'il la connaissait; il arrête cette personne: c'était le colonel Clifford, assistant quartier-maître général. Le colonel décline son nom et ses titres; la méprise était évidente; l'agent le traite cependant avec une telle grossièreté que M. Clifford a cru devoir s'en plaindre. Ce fait a eu du retentissement en Angleterre. M. Clifford ne se plaignait pas tant de l'incivilité de l'agent que de ce que cette incivilité s'était continuée après qu'il s'était fait connaître (1). Si quelques *policemen* traitent si cavalièrement un membre de l'aristocratie, dans un pays où l'aristocratie est si respectée, on peut juger des ménagements qu'ils prennent avec les personnes d'un rang inférieur.

VI. — De la célérité dans les procédures criminelles en France et en Angleterre.

En théorie, la détention préventive n'est pas une peine, mais, en fait, elle produit tous les effets matériels de la peine. Elle prive de sa liberté un homme qui est peut-être innocent; elle l'enlève à sa famille, à son travail ou à ses affaires; elle compromet sa réputation et peut le ruiner et le réduire à la misère; elle le soumet à toutes les privations qu'entraîne le régime des prisons; elle rend plus vive l'angoisse morale que fait naître l'incertitude de l'issue des poursuites; trop prolongée, elle peut devenir un supplice. Lorsque les circonstances ne permettent pas de la faire cesser avant la fin de l'instruction, il faut au moins abréger l'instruction autant que cela est possible; d'un autre côté, une répression trop lente des délits et des crimes laisse dépérir les indices qui peuvent guider la justice dans la recherche de la vérité; elle frappe moins les esprits; elle est moins sûre et moins efficace.

---

(1) Galignani's Messenger, 25 juillet 1862.

La célérité dans les procédures criminelles est ainsi, à la fois, une question d'intérêt social, de justice et d'humanité.

Cependant la célérité ne doit exclure aucune des garanties auxquelles ont droit l'inculpé et la société; elle ne doit pas aller jusqu'à faire négliger les précautions qui peuvent donner quelque certitude aux jugements et prévenir la condamnation d'un innocent ou l'impunité d'un coupable. S'il s'agissait seulement de juger vite, il faudrait introduire partout la justice sommaire du cadi turc, ou mieux encore la loi de *Lynch*, cette terrible et inique protestation du peuple américain contre l'impuissance ou l'inertie du pouvoir judiciaire. La seule célérité que puisse avouer la justice, est celle qui ne perd pas de vue que le but de la procédure criminelle est avant tout la démonstration de l'innocence ou de la culpabilité de l'accusé, mais qui marche à ce but par le chemin le plus court, en supprimant toutes les formalités, tous les délais, tous les ajournements inutiles.

En France et en Angleterre, on a cherché à concilier la rapidité et la sûreté dans l'instruction des affaires criminelles. Quelle est la meilleure des deux législations? quelle est celle qui a le mieux résolu ce difficile problème? Cette question est très-complexe; on ne peut pas y répondre seulement à l'aide de la statistique; elle conduit à l'examen de tout le système de l'administration de la justice dans les deux pays.

On se persuade généralement en France qu'en Angleterre la procédure criminelle est presque complétement supprimée; que l'inculpé, arrêté avec ou sans mandat, est immédiatement absous ou condamné par le juge devant lequel il est conduit; qu'il n'y a quelques délais que lorsque l'accusé est renvoyé devant le jury, et qu'on n'y voit pas, comme en France, des informations qui retiennent pendant plusieurs mois un inculpé sous les verrous d'une prison.

C'est une grave erreur, qui résulte de ce qu'on n'est pas suffisamment initié aux formes de l'instruction criminelle en France et en Angleterre, et de ce qu'en Angleterre, jusqu'à ce jour, la statistique n'a pas fait connaître, comme en France, la durée des procédures et des détentions préventives (1).

En France, lorsqu'un délit a été commis, une première information sommaire est faite ordinairement par l'officier de police judiciaire le plus rapproché, qui constate *sans délai*, dans des procès-verbaux, toutes les circonstances du fait, les déclarations des personnes présentes et tous les indices qui peuvent mettre sur la trace du coupable. Si un inculpé a été arrêté par les agents de la police, il le soumet à un examen, et si de cet examen il ressort la preuve de son innocence, il le met aussitôt en liberté. S'il lui reste quelque doute, il envoie l'inculpé au procureur impérial avec les procès-verbaux. Si le procureur impérial ne croit pas que cet inculpé soit coupable, il fait cesser l'arrestation; il la fait cesser même, si la culpabilité lui est démontrée, lorsque le délit ne lui paraît pas assez grave pour motiver une détention préventive. Il ne renvoie l'inculpé au juge d'instruction que si l'accusation a de la gravité et s'il existe contre lui des présomptions sérieuses. Le juge d'instruction, comme l'officier de police judiciaire, comme le procureur impérial, peut immédiatement élargir l'inculpé, s'il ne partage pas leur avis et que la non-culpabilité lui semble suffisamment évidente, ou même seulement s'il

---

(1) Voici une preuve de la durée obligée des informations et des détentions préventives. Le 1er octobre dernier, le juge de police de Wandsworth (quartier de Londres), ayant à informer sur une prévention de tentative de meurtre contre Robert Kilsby, déclarait à l'inculpé détenu qui, après plusieurs remises, demandait à être envoyé devant ses juges, qu'il ne consentirait à ce renvoi que lorsqu'on connaîtrait le résultat de la blessure; ce qui l'ajournait à une époque assez éloignée. A Londres comme à Paris, il y a, dans les informations les mieux conduites, des délais inévitables.

pense que la détention préventive n'est pas nécessaire. Ainsi, parmi les individus arrêtés sans mandat du juge, il ne reste en état de détention préventive que les inculpés auxquels cette triple épreuve n'a pas été favorable. Après avoir ordonné la détention préventive, le juge d'instruction entend les témoins et fait tous les actes d'information dans son cabinet; et lorsque la procédure est terminée, il peut encore faire cesser la détention et arrêter les poursuites par une ordonnance dans laquelle il déclare qu'il n'y a lieu à suivre, soit parce que les charges sont insuffisantes, soit parce que l'innocence est prouvée.

En Angleterre, il n'existe ni officiers de police judiciaire obligés de faire des informations préliminaires, ni ministère public autorisé à statuer sur l'opportunité des poursuites, ni juges d'instruction chargés de recueillir les preuves, dans leur cabinet, avant que l'affaire soit portée à l'audience. Ce sont les juges de paix ou les juges de police qui, avec le droit d'appliquer les peines à certains faits les moins graves, cumulent la fonction de statuer sur les plaintes et sur les arrestations concernant les autres délits, et de renvoyer, s'il y a lieu, les inculpés devant les juridictions supérieures qui doivent les juger.

Lorsqu'un inculpé a été arrêté, il est amené à l'audience; en même temps comparaissent les agents de la police ou les constables qui ont fait l'arrestation ou recueilli les premiers renseignements, et les témoins qu'on a pu se procurer. Le juge les entend; si la plainte ne lui paraît pas fondée, si les présomptions de culpabilité ne lui paraissent pas suffisantes, il met l'inculpé immédiatement en liberté, comme l'auraient fait, en France, l'officier de police judiciaire ou le procureur impérial; s'il y a doute, et si l'affaire est grave, il envoie l'inculpé en prison et ajourne à une autre audience, où de nouveaux témoins sont produits et de nouveaux renseignements apportés par la police. Si à cette seconde audience il reconnaît que l'accusation est mal fondée, il le déclare et renvoie l'inculpé, comme l'eût fait, en France, le juge d'instruction. Si cette seconde audience ne suffit pas, il y a des remises successives jusqu'à ce que le juge se trouve suffisamment éclairé, et pendant ce temps la détention préventive se prolonge, comme en France, lorsque elle a été jugée nécessaire (1).

La seule différence entre les procédures préliminaires dans les deux pays, c'est qu'au lieu de rester dans le cabinet de l'officier de police judiciaire, du procureur impérial ou du juge d'instruction, comme en France, tout se passe, en Angleterre, en audience publique.

En France, on ne voit à l'audience que les affaires dans lesquelles la détention préventive se prolonge jusqu'au jugement. Les mises en liberté immédiates, les ordonnances de non-lieu, qui font cesser la prévention avant le renvoi devant un tribunal, restent secrètes. C'est la publicité donnée en Angleterre à l'instruction judiciaire dès son début, et le mélange, aux mêmes audiences, de jugements définitifs et d'actes d'information, qui a jeté dans l'esprit des personnes étrangères aux formes de la procédure criminelle une confusion, qui a fait attribuer à la procédure préliminaire en Angleterre plus de célérité qu'à la procédure préliminaire en France.

Le nombre des affaires terminées, en France, avant l'audience, par des décisions du ministère public et des ordonnances de non-lieu, s'élève annuellement en moyenne à 469 sur 1,000 du nombre total des crimes et délits. Si les 125,000 affaires (2) que représente cette proportion étaient

---

(1) On remarquera peut-être que cet exposé s'applique spécialement aux affaires qui débutent par une arrestation sans mandat; mais, comme dans cette circonstance tous les rouages du système fonctionnent, l'exposé comprend aussi la procédure en cas de mandat décerné par le juge. Dès que le mandat a été exécuté et que l'inculpé est devant le juge, le mode de procéder devient le même que s'il y eût été conduit sans mandat.

(2) Je prends ici les nombres moyens annuels donnés par le Compte-rendu

portées à l'audience, comme elles le seraient pour la plupart en Angleterre (1), en voyant les juges passer chaque jour près de la moitié du temps à relâcher des inculpés arrêtés et à repousser des plaintes mal fondées ou sans gravité, on prendrait une plus juste idée de leur activité, de leur respect pour la justice et la liberté individuelle, et de la rapidité avec laquelle s'expédient les affaires. En même temps on apprécierait mieux les causes des retards dans les affaires qui ne peuvent pas recevoir une solution immédiate, ainsi que les causes de la prolongation des détentions préventives dans les affaires, relativement peu nombreuses, où elles ne peuvent pas être abrégées (2), et nous n'hésitons pas à affirmer que l'on n'entendrait plus personne se plaindre de la lenteur des décisions judiciaires.

On ne se préoccupe pas, et l'on ne parle pas en Angleterre de la situation particulière du prévenu dans le temps qui s'écoule entre l'arrestation et le jugement, situation qui constitue ce qu'on appelle, en France, au Palais, *la pré-*

---

de l'administration de la justice criminelle, publié en 1862, pour la période de 1856 à 1860 (rapport, pages LXXII et LXXVIII). Dans cette période, le nombre moyen annuel des procès-verbaux, plaintes et dénonciations dont le ministère public a eu à s'occuper s'est élevé à 266,955, non compris les contraventions en matière forestière, de pêche, etc. Sur ce nombre, 106,080 ont été terminées par le ministère public, qui, après examen et information préliminaire, a décidé qu'elles seraient laissées sans suite ; 19,074 par des ordonnances de non-lieu à suivre, rendues par les juges d'instruction, et 217 par des arrêts de non-lieu des chambres d'accusation. Ainsi, annuellement, sur 266,955 affaires, 125,315, en terme moyen, ont été mises à fin sans être portées à l'audience.

(1) Il n'y aurait à excepter sur les 125,000 affaires que 30,000 environ laissées sans poursuites, parce que les auteurs des faits criminels constatés sont restés inconnus.

(2) A Paris, en 1860, sur 11,617 détentions préventives, 8,376 (721 sur 1,000) ont cessé dans le premier mois de la détention, et 42 (3,7 sur 1,000) seulement ont duré plus de trois mois. La proportion moyenne des détentions qui ont duré plus de trois mois a été, pour toute la France, de 8 sur 1,000 dans la même année (Compte-rendu, page 240, état CXXX).

vention. Mais elle n'en existe pas moins ; il suffit pour s'en convaincre d'ouvrir les journaux anglais, lorsqu'on ne peut pas suivre à Londres les audiences des juges de police. Ces mots qui terminent le compte-rendu du plus grand nombre des affaires criminelles : *remanded*, *committed for trial* (1), sont l'équivalent du mandat de dépôt décerné par le juge d'instruction ; c'est l'emprisonnement du prévenu jusqu'à ce que l'information soit complétée ou jusqu'au jugement. Si la statistique, en Angleterre, tenait compte de la durée de ces emprisonnements, il n'est pas douteux que, dans la comparaison avec la durée des emprisonnements préventifs en France, l'avantage resterait à la procédure française.

On en peut tirer la preuve de la nature même des deux procédures et de la marche qu'elles sont obligées de suivre dans les deux pays.

A priori et en théorie, il est évident que si la procédure secrète (2) a le fâcheux résultat de laisser les magistrats en butte à des préventions imméritées, elle a au moins l'avantage de pouvoir être plus rapide que la procédure faite à l'audience. Elle n'est pas, comme l'audience, resserrée dans un temps déterminé ; elle est débarrassée de tout cet appareil et de ces formes, qui donnent à la justice une dignité qu'elle doit conserver pour ne pas perdre le respect des justiciables, mais qui ralentissent un peu sa marche ; elle n'est pas condamnée à rester immobile dans un fauteuil ; elle peut agir, se transporter sur les lieux, faire elle-même les constatations ; elle n'est pas obligée de multiplier les ajournements ; elle procède sans désemparer et ne s'arrête que quand elle a obtenu tout ce qu'il était possible d'obtenir. Elle doit faire plus vite et mieux.

(1) Voir, pages 29 à 32, ce qui a été dit sur la détention préventive en Angleterre ; à la page 15 les *warrants of committal* et *to remand*, et la note page 30.

(2) La procédure faite dans le cabinet du juge d'instruction n'est pas publique ; mais ce n'est pas une procédure secrète dans le sens que l'on donne habituellement à cette expression. Je reviendrai plus tard sur cette procédure, et je montrerai quel est son véritable caractère.

Ce qu'indiquait la théorie, la pratique le confirme. Voyons à l'œuvre la procédure criminelle en France et en Angleterre. Je laisse de côté, quant à présent, les délits sans gravité, qui n'exigent aucune information et qui sont jugés immédiatement dans tous les pays où la justice est bien administrée.

Supposons qu'il a été commis un crime ou un délit de quelque gravité, nécessitant une arrestation et une détention préventive.

Si c'est en France, au moment même où le fait sera connu, il sera constaté avec toutes ses circonstances, ainsi que nous l'avons déjà dit, par un des nombreux auxiliaires du ministère public ; les objets et les pièces pouvant servir à conviction seront recueillis avant qu'ils n'aient pu être enlevés ou dénaturés ; les preuves ou les présomptions de culpabilité, les dépositions des témoins qui étaient sur les lieux, tous les éléments de l'instruction seront consignés dans des procès verbaux dans un délai de quelques heures. Quelques heures plus tard, ces procès-verbaux parviendront au procureur impérial de l'arrondissement. Le plus souvent cette procédure, si rapidement faite, est assez complète pour que l'inculpé puisse être mis aussitôt en liberté par le procureur impérial, si l'arrestation ne doit pas être maintenue, ou pour qu'il puisse être jugé sans autre information, à la première audience. S'il est nécessaire que le juge d'instruction intervienne : pour régulariser la détention préventive ; ou pour faire amener l'inculpé, s'il n'a pas été arrêté ; pour vérifier l'exactitude des procès-verbaux, et saisir le tribunal par une ordonnance de renvoi, les premières constatations faites rendent sa tâche plus facile et l'abrégent. Il y a bien peu d'affaires qui, non compris les délais nécessaires pour les citations, ne puissent être mises en état d'être jugées en une demi-journée. Pour que l'instruction se prolonge, il faut, ou qu'il y ait des témoins éloignés à entendre, ou des expertises indispensables à faire, ou qu'il se présente une de ces circonstances exceptionnelles qui ne permettraient à aucun tribunal siégeant en audience publique de juger sans sursis.

En Angleterre, les officiers et les agents de la police judiciaire sont bien moins nombreux qu'en France (1). Quand un délit a été commis, il n'y a pas toujours là un constable pour le constater. Lorsqu'on a trouvé un constable, excepté dans les cas très-graves, il n'agit pas d'office, mais seulement s'il y a une plainte ; il ne fait aucune constatation, ne dresse aucun procès-verbal ; c'est au plaignant à réunir les preuves à l'appui de sa plainte. S'il se décide à arrêter l'inculpé, pour le conduire devant le magistrat, il faut attendre le jour de l'audience ; la loi a prévu le cas, le constable est autorisé à le mettre en prison en attendant. Si c'est une affaire urgente et qu'il importe que le magistrat soit saisi promptement, une autre difficulté se présente. En Angleterre, les juridictions sont divisées par comtés, dont l'étendue est ordinairement plus considérable que celle de nos arron-

---

(1) Les *Miscell. stat.*, page 87, donnent ainsi qu'il suit le détail des forces de la police en Angleterre (*England and Wales*) pour 1859.

	Officiers and constables.
County constabulary	7,700
Borough police	5,993
Metropolitan police	6,296
City of London police	608
	20,597

Pour l'Écosse et l'Irlande, les documents manquent.

En France, pour la même année, on avait comme agents :

Gendarmes	18,528
Agents de police	7,403
Gardes champêtres	33,904
	59,835

Et comme officiers de police judiciaire :

Juges de paix	2,863
Commmissaires de police	1,954
	4,817

Plus 36,789 maires, qui peuvent remplir les fonctions de commissaire de police dans les communes où il n'y en a pas (art. 11, Code d'Inst. crim).

dissements; les seuls magistrats du comté qui puissent statuer sur les préventions pour crimes et délits ordinaires sont les juges de paix (1). Les juges de paix n'ont pas, comme les magistrats qui portent le même nom en France, des résidences obligées, calculées pour les mettre à la portée des justiciables : ce sont de riches propriétaires pour lesquels leur charge est moins une fonction qu'ils doivent remplir, qu'un titre honorifique, et ils ne sont pas obligés de rester à domicile pour attendre les plaintes. Le plus souvent l'arrestation se prolonge jusqu'au jour de l'audience ordinaire. A l'audience, c'est le plaignant qui formule l'accusation et produit les témoins. Le plaignant est une partie intéressée dont toutes les déclarations ne peuvent être admises sans réserve; d'un autre côté, comme il a ordinairement peu d'expérience des affaires judiciaires, il n'a pas toujours amené tous les témoins nécessaires; il n'a pas toujours prévu toutes les objections de la défense. En l'absence de tous procès-verbaux, de toutes constatations auxquelles il puisse avoir quelque confiance, le juge, embarrassé, cherche la vérité; s'il veut mettre l'affaire en état d'être jugée par le Tribunal ou la Cour qui doit statuer, il est obligé d'ajourner, pour tâcher de compléter les renseignements; et, à moins que l'inculpé n'avoue, il faudra quelquefois deux ou trois audiences, tenues à plusieurs jours d'intervalle, pour arriver à une solution, qu'une enquête immédiate sur place eût permis, en France, de donner de suite, avec plus de sûreté.

---

(1) Le *sheriff*, le *coroner* et d'autres fonctionnaires ont des fonctions spéciales à remplir en matière criminelle ; mais l'information sur les affaires ordinaires appartient particulièrement aux juges de paix. Jusqu'en 1848, il était nécessaire qu'ils fussent au moins deux, même pour faire les actes d'instruction. Depuis cette époque, ils sont autorisés à agir seuls dans tous les cas où la loi ne prescrit pas formellement le nombre des juges qui doivent informer (11, 12 reg. Vict., cap. XLIII, sec). 12. Les juges de paix sont remplacés pour les informations, à Londres, par les juges de police, et dans d'autres grandes villes par les *stipendiary magistrates*, qui ont le droit d'agir seuls.

Aux causes générales et de force majeure qui, en Angleterre aussi bien qu'en France, prolongent l'instruction préliminaire de certains procès criminels qui présentent des difficultés exceptionnelles, lorsque l'on veut savoir à quoi s'en tenir sur la durée réelle des préventions dans les deux pays, il faut donc, pour l'Angleterre, ajouter, dans le plus grand nombre des affaires, les lenteurs inhérentes à la procédure publique et à l'imperfection de l'organisation de la police et de l'organisation judiciaire. Nous ne les avons pas exagérées; ce que nous disons ici, les Anglais le reconnaissent eux-mêmes; voici en quels termes un des principaux journaux anglais conclut, après avoir comparé le système général de l'administration de la justice criminelle en Angleterre au système suivi en France : « Il n'y a rien de plus parfait que « le système français, tant pour la recherche du coupable « que pour la préparation de l'accusation, en un mot dans « tout ce qui concerne les mesures précédant le jugement. « En Angleterre, la police varie suivant les comtés, elle « existe ou n'existe pas, selon les caprices des magistrats. « En France, la police judiciaire est un corps soumis à la « direction du gouvernement et à son contrôle; elle est « établie dans tout le pays d'après des règles fixes et bien « définies; le prévenu, chez nos voisins, est immédiatement « conduit devant un juge de paix, chaque canton en ayant « un; chez nous il faut le conduire devant le magistrat du « comté; certaines paroisses n'en ont pas, tandis que d'autres « en ont cinq ou six. Après le renvoi en jugement du prévenu, « l'accusation est confiée au premier venu, souvent à l'a- « vocat, qui s'en charge au prix le plus réduit. En France, « chaque arrondissement possède un représentant du mi- « nistère public, qu'aide un état-major nombreux et capable, « de sorte que l'affaire, au moment du jugement, se présente « en état et ne court pas risque d'être renvoyée, faute de « quelque détail ou par suite de quelque omission. Bref, chez « nos voisins, tout est prévu du commencement à la fin,

« tandis que chez nous il y a une négligence et une incurie « impardonnables, soit qu'il s'agisse de quelques shillings « ou que la question intéresse l'existence de toute une « nation (1). »

VII. — Délais entre l'instruction terminée et le jugement. Organisation judiciaire et procédure criminelle a Londres et a Paris.

On attribue ordinairement la durée des préventions uniquement aux lenteurs de l'instruction. Il y a là une erreur qui, je crois, n'a jamais été relevée et qui a quelque importance. La durée de la détention préventive se compose non-seulement du temps qu'exige l'information préliminaire, mais aussi du temps qui s'écoule depuis cette procédure terminée jusqu'au jugement. Il arrive souvent que cette seconde période égale et dépasse même la première.

Sous ce rapport, pour la généralité des affaires, c'est encore à la France que reste la supériorité sous le rapport de la célérité.

En France, chaque canton a son juge de paix qui juge les contraventions; chaque arrondissement a un tribunal correctionel qui juge les délits; chaque département a ses sessions de cours d'assises qui s'ouvrent régulièrement tous les trois mois. Le juge de paix et le tribunal correctionnel expédient chaque semaine toutes les affaires mises en état d'être jugées dans la semaine précédente; à chaque session, les assises siégent jusqu'à ce qu'elles aient statué sur toutes les accusations dont la procédure a été terminée dans le trimestre écoulé. Le système est complet et fonctionne sous l'active surveillance des Procureurs généraux et du Ministre de la justice; il n'y a jamais aucun arriéré dans les affaires criminelles, on ne peut pas aller plus vite.

---

(1) *Morning Chronicle*, 1858.

En Angleterre, dans les comtés, les juges de paix sont chargés de maintenir la paix et la tranquillité publique ; ils peuvent faire arrêter les filous et les délinquants ; ils remplissent des fonctions de police, reçoivent les plaintes, et jugent quelques petites affaires (1). Tous les quinze jours, deux d'entre-eux siégent ensemble et tiennent ce qu'on appelle les *petty sessions*. Dans ces petites sessions, on ne jugeait autrefois que des affaires de peu d'importance ; depuis 1847 et 1855, leur juridiction a été augmentée elles peuvent statuer sur les délits commis par les enfants au-dessous de quatorze ans ; sur les vols au-dessous de 5 shillings, lorsque les inculpés y consentent, et même sur les vols d'une valeur supérieure lorsqu'ils s'avouent coupables (2). Cependant, malgré cette extension, on peut dire que seulement c'est tous les trois mois que, dans les *général quarter sessions*, les juges de paix exercent dans toute sa plénitude le pouvoir judiciaire qui leur appartient. Réunis au nombre de deux et ordinairement plus, ils statuent alors, soit seuls, soit avec l'assistance du jury, sur les affaires correctionnelles les plus graves du comté, et sur un certain nombre d'affaires criminelles. Les crimes très-graves sont réservés aux assises, qui sont tenues deux fois par an par un des grands juges.

Il est évident que, par le fait seul du mode dont fonctionnent les corps judiciaires en Angleterre, l'expédition des affaires ne peut y atteindre la célérité que lui donne en

---

(1) L'acte 11, 12 Vict. reg., cap. XLIII, sec. 12, leur a donné, depuis 1848 le droit de juger seuls certaines affaires, ainsi que le droit de faire l'instruction seuls. Il les a aussi autorisés à siéger dans toute place ou chambre qui peut être ouverte au public ; auparavant, ils ne pouvaient exercer leurs fonctions que lorsqu'ils étaient réunis au moins au nombre de deux, dans la salle ordinaire des audiences.

(2) 18, 19 Vict. reg., cap. CXXVI, sec. 1 et 2, et le *juvenile offenders act*, du 22 juillet 1847.

France une organisation plus complète. Pendant les délais de quinze jours, de trois mois, de six mois qui s'écoulent entre les sessions, les affaires s'accumulent (1) et les détentions préventives se prolongent.

Les inconvénients des complications et des lenteurs résultant du système général de l'administration de la justice criminelle en Angleterre, ont obligé, il y a quelques années, de modifier ce système pour la ville de Londres.

Une cité qui renferme près de trois millions d'habitants, attire nécessairement toutes les industries criminelles qui s'y exercent avec plus de sécurité et de profit que dans les contrées moins populeuses. En 1829, l'augmentation des délits contre la propriété y avait pris une telle extension, qu'il fallut remédier à l'insuffisance de la police pour les réprimer et en découvrir les auteurs. On y pourvut en la réorganisant sur un nouveau pied ; en augmentant le nombre des agents ; en leur donnant des pouvoirs plus étendus et en les soumettant à une direction unique (2). Cette réforme devait avoir pour résultat d'augmenter le nombre des poursuites et de rendre promptement insuffisant à son tour un mode suranné de répression. En 1839, on reconnut la nécessité d'avoir à Londres une organisation judiciaire plus active et plus efficace, et l'on créa, pour la métropole et ses environs, les cours ou tribunaux spéciaux de police. Dans ces tribunaux on substitua au juge de paix, magistrat volontaire duquel on exigeait plutôt certaines conditions sociales qu'une capacité éprouvée, des magistrats salariés et expéri-

---

(1) Aux *quarter sessions of the peace* pour le comté de Middlesex, qui viennent de commencer (6 octobre 1862), le rôle contenait les noms de 107 détenus. Le *assistant judge* s'est cru obligé d'expliquer aux jurés qu'il fallait attribuer ce grand nombre d'affaires à ce qu'il s'était écoulé un temps un peu plus long qu'à l'ordinaire depuis la dernière session.

(2) *An act for improving the police in and near the metropolis*, 10 Georgii IV, cap. XLIV (1829). Le préambule de cet acte donne les causes de la réforme de l'ancien système.

mentés (1). On ne s'arrêta pas là ; par une innovation contraire à toutes les traditions et à toutes les coutumes de la justice en Angleterre (2), on décréta que les juges de police siégeraient et jugeraient seuls; on leur attribua non-seulement tous les pouvoirs qui ne pouvaient être exercés auparavant que par deux juges de paix siégeant ensemble, mais une juridiction plus étendue, dans laquelle on fit rentrer une partie des délits qui étaient auparavant réservés à des tribunaux supérieurs ou à des cours spéciales, enfin on les astreignit à siéger en permanence (*attend*) tous les jours, excepté les jours fériés, de dix heures à cinq heures du soir, dans chacune des cours établies, et toutes les fois que cela serait nécessaire ou qu'ils en recevraient l'ordre d'un des Ministres secrétaires d'État (3).

Ces perfectionnements introduits dans l'organisation de la police et des tribunaux de répression, ont eu pour conséquence plus de sûreté et de célérité, soit dans la constatation des délits, soit dans l'issue des poursuites, et, sous ce rapport, il faut établir une distinction entre la métropole et le reste de l'Angleterre. Il y a là une amélioration qui n'est pas contestable. Elle a réalisé pour Londres une partie

(1) *An act for regulating the police courts in the metropolis*, 2, 3 Vict. reg., cap. LXXI (1839); et *an act for better defining the powers of justices within the metropolitan police district* (3, 4 Vict. reg., cap. LXXXIV; (1840). La sec. 3 du chap. LXXI indique les conditions à remplir pour pouvoir être nommé magistrat de police, et il est dit en termes formels qu'ils sont dispensés des conditions d'état (*qualifications by estate*) requises des autres juges de paix. Les heureux résultats de cette innovation ont fait créer dans les principales villes de l'Angleterre, Liverpool, Manchester, Dublin, Edimbourg et autres, des magistrats salariés, *stipendiary police magistrates*, qui ont les mêmes pouvoirs que le juge de police de la métropole.

(2) Pendant longtemps, en Angleterre, aucune condamnation, même pour de simples délits, n'a été prononcée que sur le verdict d'un jury. Blackstone, dans ses Commentaires (liv. IV, chap. XX), gémit de l'introduction des procédures sommaires et de l'extension qui leur a été donnée; et cependant alors les jurés étaient remplacés par au moins deux juges, et seulement pour les délits les plus minimes.

(3) Loc. cit., sec. 12, cap. LXXI; sec. 3 et 4, cap. LXXXIV; sec. 16, cap. CXXVI.

des avantages du système français; je dis une partie, parce qu'il ne faudrait pas croire que la création du juge de police a suffi pour donner à l'administration de la justice, en Angleterre, une perfection qu'elle ne peut atteindre qu'à l'aide de réformes plus radicales. Même en restreignant la comparaison entre le système général français et le système exceptionnel introduit à Londres, l'avantage reste encore au système français.

Nous nous donnerions trop d'avantage si nous comparions les résultats obtenus à Londres avec ceux qui sont obtenus partout en France. Le très-grand nombre des affaires dont le juge de paix anglais est saisi ne lui permettrait pas d'atteindre à la célérité de nos tribunaux d'arrondissement, même si leur institution était moins parfaite. Pour apprécier la valeur du système, il faut le comparer au système français appliqué à Paris. Paris, comme Londres, est placé dans des conditions spéciales ; les délits et les crimes y sont plus multipliés que dans les départements; il faut que l'action de la justice y soit plus active, plus prompte, plus énergique. Les imperfections du système français y sont nécessairement plus saillantes que partout ailleurs.

Nous avons déjà exposé la marche que suit la procédure criminelle anglaise dans les comtés(1). A Londres, la police mieux organisée constate plus promptement et avec plus de soin les délits. Les magistrats de police qui siégent tous les jours, au nombre de quinze, dans les différents quartiers de Londres(2) sont plus rapidement saisis; tous les matins on leur amène les individus arrêtés la veille ou dans la nuit; l'information se fait avec plus de célérité. Tout en instruisant les affaires qui doivent être portées devant les cours supérieures, ces magistrats expédient et jugent, non-

(1) Pages 43 et 48.

(2) J'assimile ici les Cours de police tenues par le lord-maire ou ses aldermen, dans la Cité, aux autres Cours de police. Les fonctions sont les mêmes.

seulement toutes les petites affaires de leur compétence, mais aussi un assez grand nombre des affaires de la compétence des *quarter sessions*, en usant du privilége que leur a accordé la loi de 1855, comme aux *petty sessions*, de statuer sur les vols d'une valeur au-dessous de 5 shillings, avec le consentement de l'inculpé, et sur les vols simples d'une valeur supérieure, lorsque l'inculpé s'avoue coupable et demande à être jugé (*pleads guilty*) (1). Les cours des *general quarter sessions* sont au nombre de six, Middlesex, Westminster, Surrey, Southwark, Tower et Guildhall ; quelques-unes, comme les sessions de Middlesex, ont deux chambres, et des sessions très-rapprochées ; on peut dire qu'elles sont en permanence quand les affaires l'exigent. La Cour criminelle centrale, qui remplace les assises semestrielles, siége aussi à des intervalles moins éloignés. Il reste quelques vices inhérents au système général, tels que l'intervention obligée du plaignant, l'imperfection de la procédure préliminaire et les conflits entre des juridictions mal définies (2) ; mais le nombre des tribunaux et des audiences

---

(1) 18 and 19 Vict. reg., cap. CXXVI, août 1855. Nous avons déjà cité cet acte page 52 à l'occasion des juges de paix. En voici le texte analysé : « Pouvoir est « donné par cet acte aux juges réunis au nombre de deux ou plus en *petty session*, ou aux magistrats de police métropolitains ou *stipendiary*, agissant « seuls, de juger sommairement les cas de *simple larceny*, lorsque la valeur « de l'objet volé n'excède pas 5 schillings, ou les cas de tentative des mêmes « délits lorsque les parties accusées y consentent ; mais si elles ne consentent « pas, il doit être statué comme si le présent acte n'existait pas. En cas de « consentement, les charges doivent être recueillies par écrit, et si l'accusé « s'avoue coupable, *pleads guilty*, il est condamné sommairement à la peine « prévue par la loi. S'il plaide qu'il n'est pas coupable (*pleads not guilty*), l'af- « faire doit être examinée à fond ; les témoins sont entendus, et l'accusé peut « être assisté d'un *attorney* ou d'un conseil. Lorsqu'une personne est accusée « d'un *simple larceny*, excédant la valeur de 5 sh., elle peut *plead guilty*, plai- « der qu'elle est *coupable*, et être condamnée sur-le-champ ; mais elle doit être « avertie qu'elle n'est pas obligée de plaider. Les magistrats siégeant ont le droit « d'ajourner, malgré l'aveu, *to remand persons for a further examination.* »

(2) En voici un exemple : Le 30 septembre dernier, un sieur Robert Hanks, inculpé de meurtre, mis en liberté sous caution, devait comparaître devant le

est si considérable, les juges ont des pouvoirs si étendus, que ces vices ne peuvent entraver sérieusement le courant des affaires, et que, quelque multipliés que soient les crimes et les délits, les inculpés peuvent ne pas attendre trop longtemps un jugement définitif.

Pour atteindre à Paris les mêmes résultats qu'à Londres, il était inutile de modifier l'organisation générale de nos tribunaux; il suffisait de la rendre plus active en augmentant le personnel et en rapprochant les audiences. On a créé les commissaires de police de quartier et deux commissaires spéciaux, toujours prêts à exécuter les délégations qui leur sont données par les magistrats. On a adjoint au procureur impérial vingt-deux substituts; on a porté à vingt le nombre des juges d'instruction, à trois le nombre des chambres correctionnelles. Trois juges d'instruction et un substitut ont été chargés d'examiner chaque jour et d'interroger les inculpés arrêtés; ils relâchent ceux qui peuvent être laissés en liberté ou ceux contre lesquels les présomptions ne sont pas suffisantes; ils renvoyent à l'instruction les affaires exigeant une information approfondie, et aux chambres correctionnelles les affaires en état d'être jugées. Ces chambres, fonctionnant simultanément, siégent tous les jours; la Cour d'assises, au lieu de se réunir tous les trois mois, reste en permanence.

Cette organisation a précédé celle qui a été adoptée à Londres, et, malgré l'institution des Cours de police de la métropole, elle lui est supérieure. Elle est plus complète et plus fortement constituée.

Des chiffres seront plus éloquents que des phrases. Pour que l'on puisse se faire une idée approximative de la vive

---

juge de police de Clerkenwell (Londres) pour continuer l'information. A l'appel de l'affaire, il ne comparaît pas. Le coroner l'avait fait enfermer à Newgate pour le même fait, sur lequel il informait de son côté. Le magistrat de police n'en avait pas même été prévenu. Ordre ayant été donné d'amener sur-le-champ Robert, le gouverneur de Newgate s'y refusa en disant qu'il avait ordre de le détenir jusqu'au jugement. Le conflit n'a pu être terminé que par l'obtention d'un *writ* d'*habeas corpus*.

impulsion imprimée à Paris aux affaires criminelles, j'extrais les documents suivants du dernier Compte général de l'administration de la justice criminelle en France (1).

En 1860, le nombre des affaires dont le ministère public a été saisi, à Paris, s'est élevé à 30,700. Sur ce nombre 14,830 ont reçu du ministère public lui-même une solution immédiate; si des individus avaient été arrêtés, ils ont été sur-le-champ relâchés. Des 15,870 affaires renvoyées aux juges d'instruction, 12,267 ont été terminées dans les vingt-quatre heures. Sur 16,336 inculpés arrêtés sans mandat et amenés au petit parquet, 4,920 ont été mis immédiatement en liberté : 1,181 par le ministère public, 3,739 par les juges d'instruction. Sur les 11,416 inculpés retenus sans mandat de dépôt en état de détention préventive, 6,479 ont été jugés par le tribunal correctionnel dans les quinze jours, 1,897 dans le mois de leur arrestation.

A Londres, les 4,920 inculpés mis immédiatement en liberté auraient été obligés d'attendre l'audience, de supporter un débat public, et la plupart, des ajournements, parce qu'à défaut de procès-verbaux les renseignements n'auraient pas été suffisants. Il est vrai que quelques-uns des détenus jugés dans les quinze jours ou dans le mois de leur arrestation auraient pu être jugés quelques jours plus tôt. L'instruction se fait moins bien et moins rapidement à Londres, mais on y est peut-être plus promptement jugé (2). Toutefois il faut réduire

---

(1) Compte-rendu, année 1860; page 218, état CXX, pour les crimes et délits, constatés dans l'année, à Paris; page 243, état CXXXII, pour les affaires entrées au petit parquet, et page 240, état CXXX, pour la durée des détentions.

(2) L'absence complète de documents, dans les statistiques anglaises, sur la durée des préventions ne permet pas de constater si ce que nous concédons ici à la justice de Londres lui appartient réellement. Mais nous avons en cette matière assez de supériorité sur l'Angleterre pour pouvoir lui faire cette concession, qui serait discutable. Il n'y a réellement jugement plus prompt que pour un petit nombre d'affaires de la compétence de nos tribunaux de police correctionnelle, que le magistrat de police juge à l'instant où il en est saisi. Ces affaires, à Paris, sont comprises dans celles qui ne motivent pas

cet avantage à sa juste valeur: il est dû uniquement à ce que les tribunaux qui rendent des jugements sont plus nombreux à Londres qu'à Paris. Quel que soit le zèle des magistrats et la durée des audiences, trois chambres correctionnelles et une chambre pour les assises ne peuvent expédier autan d'affaires que quinze tribunaux de police (1), quatre ou cinq jurys siégeant simultanément aux *general quarter sessions*, et la cour criminelle centrale. L'augmentation de la population de la ville de Paris et, par une conséquence inévitable, celle des affaires criminelles, ont été telles depuis vingt ans, que la perfection du système ne suffit pas toujours pour suppléer à l'insuffisance du personnel. Mais pour rendre à Paris la supériorité, même sous le rapport de la célérité des jugements, il suffirait de créer une chambre correctionnelle de plus.

VIII. — Réformes dans la procédure criminelle demandées a la fois en France et en Angleterre. — Traditions judiciaires. — Excès des deux côtés. — Loi sur le cautionnement en matière criminelle. — Améliorations possibles.

Au point où nous en sommes arrivé, nous avons successivement prouvé, par les textes mêmes des lois, que la

---

d'arrestations, ou qui sont jugées dans la quinzaine où l'inculpé a été arrêté; pour les autres affaires, l'avantage est probablement regagné par la célérité de l'instruction. Paris est la ville de France où l'instruction générale des affaires est conduite avec le plus de rapidité; le nombre des affaires terminées après plus de trois mois n'y est que de 3,7 sur 1,000 du nombre total des affaires instruites; pour toute la France, il est de 8 sur 1,000.

(1) Ces tribunaux, disséminés dans les différents quartiers de Londres, sont ceux de Clerkenwell, Bow-street, Malborough-Street, Mary-le-Bone, Westminster, Worship-Street, Thames, Lambeth, Southwark, Hammersmith, Wandsworth, Greenwich, Woolwich, Mansion-House et Guildhall. La loi qui a créé les magistrats de police en a fixé le nombre à 27, auxquels il faut joindre le lord-maire et ses aldermen.

police, en Angleterre, a des pouvoirs plus étendus que la police en France; qu'en Angleterre il y a plus d'arrestations qu'en France; qu'en Angleterre il y a des détentions préventives comme en France, et qu'elles peuvent y être ordonnées dans un grand nombre de circonstances où en France elles sont défendues; enfin, qu'en Angleterre les affaires étant moins promptement jugées qu'en France, les détentions préventives, lorsqu'elles sont ordonnées, y sont nécessairement plus prolongées. On ne peut admettre une exception que pour Londres, et, là même, pour un nombre très-limité d'affaires sans gravité.

Il ne faudrait pas cependant en conclure que la procédure criminelle en France est parfaite, qu'il n'y a aucune réforme à y introduire, et que nous n'avons rien à emprunter à l'Angleterre. Ce qui est démontré par cet exposé, c'est seulement, comme nous l'avions dit en commençant, que, contrairement à l'opinion qui s'est à tort accréditée, les textes des lois sur l'instruction criminelle en France sont plus favorables que les lois anglaises à la liberté individuelle, et qu'elles permettent une plus grande célérité. Mais il reste à examiner si, dans la pratique, il ne s'est pas introduit des traditions, des abus qui font attribuer à la loi une rigueur qui ne lui appartient pas ou des habitudes qui entraînent des lenteurs dont elle ne doit pas être rendue responsable.

Blackstone disait en parlant des lois anglaises : « Les « étrangers qui ne connaissent nos lois que par les actes du « Parlement qui les ont établies, ignorent que ces mêmes « lois ne sont pas exécutées dans toute leur rigueur; et, « dans le vrai, si l'on tenait strictement la main à leur exé- « cution, il serait difficile de les justifier, à moins que ce « ne fût en partant de leur histoire et de la nécessité ur- « gente qui a porté à les établir (1). » Ces paroles peuvent

(1) Blackstone, loc. cit., livre IV, chap. IV.

expliquer comment il a pu arriver que, bien que la législation criminelle anglaise soit beaucoup plus rigoureuse que la législation française, les personnes qui ne connaissent ces deux législations que par leurs résultats pratiques, aient pu se méprendre jusqu'à demander que le système anglais fût substitué au système français.

Le juge anglais, chargé de mettre en pratique une législation trop rigoureuse, dont la stricte application ne serait pas tolérée par les mœurs publiques actuelles, est continuellement occupé à en atténuer les effets. La coutume l'y autorise, et tout l'y invite. Il ne se rattache à aucun corps judiciaire par la hiérarchie; s'il subit une influence, c'est moins celle des traditions de la magistrature que celle de l'opinion; il n'a pas près de lui un organe du ministère public requérant au nom de la société. Abandonné à lui-même en présence des intérêts privés, il prend plus en considération l'affaire en elle-même que les conséquences générales de la répression; il est naturellement disposé à l'indulgence. Il est d'ailleurs responsable de ses décisions, et peut être actionné en dommages-intérêts s'il ordonne à tort une mesure rigoureuse qui lèse un innocent (1). Il juge le plus souvent paternellement, et réserve les rigueurs de la loi pour les coupables reconnus dangereux.

En France, au contraire, la loi domine les intérêts privés; elle est strictement exécutée contre tous, sans distinction. La police, les officiers de police judiciaire la magis-

(1) Blackstone, livre II, chap. I. dit : « Les juges qui, parmi nous, sont « convaincus d'avoir abusé de leur autorité sont condamnés à payer aux par- « ties plaignantes le double des frais que paieraient les autres citoyens qui ne « seraient pas juges. » Toutefois, il faut qu'il y ait eu malversation, et non pas seulement erreur. Cette pensée de la responsabilité pécuniaire du juge se produit quelquefois à l'audience. Ainsi, le 1er octobre dernier, un nommé Winchest, renvoyé aux sessions générales pour vol, par le juge de police de Clerkenwell, lui disait en sortant : *I will enter an action against you, if i « get out.* » « J'intenterai une action contre vous si je suis acquitté. »

trature tout entière, sous l'action d'une hiérarchie puissante, subissent, même à leur insu, une vive impulsion résultant du désir général d'arriver à ce que la justice soit aussi bien administrée, et la société aussi bien protégée contre les malfaiteurs que cela est possible. Le juge, qui n'agit jamais sans une réquisition du ministère public, se préoccupe moins des personnes que des faits qui, envisagés du point de vue social, deviennent presque pour lui des abstractions. Il n'exagère pas la sévérité de la loi, mais il pense rarement à l'atténuer, et l'applique le plus souvent avec toute sa rigueur.

C'est ainsi que, par l'effet de mœurs et de tendances opposées, le juge anglais et le juge français ont fini par faire attribuer aux législations des deux pays un autre caractère que celui qui leur avait en réalité été donné par le égislateur.

On est peut-être allé trop loin des deux côtés.

En Angleterre la répression est affaiblie par tous les tempéraments, par toutes les atténuations passées en coutume. L'impunité y est trop souvent assurée; il y est trop facile de se jouer de la justice et d'échapper à ses atteintes par des subterfuges tirés de l'interprétation judaïque de la loi (1), ou par des transactions pécuniaires entre les plaignants et les inculpés (2). Pendant longtemps l'imperfection du système général a été dissimulée par la déportation des *convicts*, qui rejetait du sol anglais les hommes les plus dangereux et prévenait les récidives. Mais depuis que les colonies anglaises ont refusé de recevoir ces hôtes redoutables, et que la déportation a été remplacée par la servi-

---

(1) Les lois nouvelles ont aboli toutes les nullités de forme dont on avait longtemps abusé; mais il reste la complication des lois criminelles et le mode de leur interprétation. Il arrive souvent au juge de dire à l'audience : « Je regrette de ne pouvoir punir, mais le texte ne me le permet pas. »

(2) Voyez ce que j'ai dit à ce sujet, page 35.

tude pénale, il a commencé à se former en Angleterre une population de récidivistes, dont le crime est la seule industrie. Par le contact et les exemples de cette population dépravée, la corruption des classes inférieures s'est accrue rapidement; les *tickets of leave* (1), qui, sans précautions suffisantes, rendent chaque jour à la vie commune un grand nombre de condamnés avant l'expiration de leur peine, ont encore aggravé le mal et accéléré ses conséquences. La justice anglaise commence à être sérieusement aux prises avec ce fléau social que nous connaissons depuis trop longtemps en France, avec une véritable armée de malfaiteurs hardis, habiles, dont l'éducation s'est achevée dans les prisons, et qui, dans la guerre qu'ils font à la société, calculent tout et savent tirer parti de toutes les lacunes et de toutes les imperfections des lois ou des coutumes. Les crimes graves contre les personnes ont augmenté et augmentent chaque jour dans une proportion considérable (2). A Londres même

(1) Littéralement : *billets de permission*. Ils sont révocables en cas d'inconduite; mais cela effraie peu le récidiviste décidé à affronter une nouvelle peine.

(2) Le document suivant, extrait de l'*Annuaire encyclopédique*, pour l'année 1862 (art. de M. Legoyt), montre la progression suivie depuis trente ans.

	1830 à 1834	1835 à 1839	1840 à 1844	1845 à 1849	1850 à 1854	1855 à 1859
Assassinats	931	1.054	1.504	1.538	1.597	1.850
Meurtres et Attentats	922	1.024	1.050	980	1.144	1.144
Viols	837	973	1.221	1.263	1.395	1.239

Pour les années plus rapprochées de nous, on pourrait être tenté d'attribuer cette augmentation à l'influence de la crise manufacturière. Voici la réponse faite par les Anglais eux-mêmes: « A l'ouverture des *quarters sessions* de la St-Michel dernière, à Preston (Lancashire), le *recorder*, après s'être affligé du nombre des accusés, qui dépasse la proportion ordinaire, a constaté qu'il ne faut pas en chercher la cause dans la détresse des ouvriers, mais dans un *redoublement d'activité de la partie criminelle de la population.* Il n'a pas trouvé, dit-il, sur le rôle, un seul accusé dont on puisse dire que c'est le besoin qui lui a fait commettre un crime contre les propriétés. »

les rues ne sont plus sûres ; chaque jour la presse anglaise jette des cris d'alarme (1). Le temps n'est pas éloigné où il sera nécessaire de modifier encore le système anglais, qui n'est déjà plus ce qu'il était il y a trente ans. On peut prévoir le moment où, à la police reconstituée et au juge de police, il faudra ajouter l'institution du ministère public et de ses auxiliaires (2) et organiser plus fortement la résistance au crime et sa répression, en se rapprochant davantage du système français. Lorsque ce progrès sera accompli, les lois de la procédure criminelle anglaise apparaîtront, comme elles le sont réellement, plus sévères, plus

---

(1) Il faudrait les citer tous. Depuis plusieurs mois, sur ce point, la presse anglaise est unanime. Hier encore, dans un long et vif article portant pour titres : « *Insecurity of life and property,* » « il n'y a plus de sécurité pour la » vie et la propriété, » le *Times* passe en revue les crimes commis dans les rues de Londres, depuis le vol avec violence commis dans *pallmall* sur un membre du Parlement, à la fin de la dernière session, jusqu'aux derniers rapports de la police, qui, dans chaque quartier, le même jour, constatent des vols graves. Il rapporte le mot d'un magistrat de police qui reconnaît que, dès six heures du soir, les rues de Londres ne sont plus sûres, et les précautions prises par certains marchands, qui sont obligés, la nuit, de se faire garder à main armée. Il en accuse, il est vrai, les *tickets of leave ;* mais il se plaint aussi de la police mal faite et de la trop grande indulgence de toute la hiérarchie judiciaire, qui semble n'avoir été établie, dit-il, que pour relâcher les voleurs aussitôt qu'ils sont pris. (Article du *Times,* reproduit par le *Galignani's* du 7 novembre 1862.)

(2) L'insuffisance de la répression, lorsqu'elle reste confiée à l'initiative des plaignants, se fait de plus en plus sentir en Angleterre. Tout récemment deux *tickets of leave* qui avaient été arrêtés pour le vol d'une montre, ont été acquittés uniquement parce que le volé a déclaré qu'il ne voulait pas porter plainte, et qu'il a refusé de se présenter (Southwark Court, 22 sept). Quelques jours après, d'autres ont échappé à la condamnation, parce que le plaignant était décédé avant l'audience. Pour suppléer à l'absence du ministère public, il s'est formé à Londres plusieurs sociétés, telles que : *la Société pour la poursuite des voleurs dans les boutiques et des escrocs ; la Société pour la protection des femmes,* etc., ; mais ces sociétés, qui ne poursuivent que certains faits, et seulement dans des conditions déterminées, ne servent qu'à rendre plus évident ce qu'il y a de défectueux dans le système général.

dures, et laissant plus à l'arbitraire de la police et du juge que la loi française.

Tandis que la sécurité diminue en Angleterre, elle augmente en France (1). Ce résultat suffirait pour justifier le système général de l'administration de la justice criminelle, s'il avait besoin d'être justifié. Mais pendant qu'en Angleterre on se plaint que la répression est inefficace, en France on se plaint qu'elle est trop rude. Si l'on reproche à la magistrature anglaise d'aller, dans sa préoccupation de ne pas atteindre des innocents, jusqu'à trop épargner les coupables, on reproche à la magistrature française d'oublier quelquefois, au moins dans la procédure préliminaire, que parmi les accusés il peut se rencontrer des innocents. Au moment où l'Angleterre tend à nous emprunter nos institutions judiciaires, l'opinion publique, en France, demande que nous fassions à notre tour des emprunts à la législation anglaise. Supprimer la détention préventive par un jugement immédiat lorsqu'il est possible; substituer à la détention préventive la liberté sous caution, lorsque l'inculpé ne peut pas être jugé immédiatement, tel est le but que l'on voudrait atteindre, et l'on se persuade qu'il suffirait, pour y parvenir, d'introduire en France les dispositions des lois anglaises sur la *mise en liberté sous caution* et sur le *juge unique*.

Qu'il soit à désirer que l'on trouve les moyens de diminuer la durée des détentions préventives, et même de les supprimer dans le plus grand nombre des cas, c'est ce qui ne peut être contesté par personne. Mais s'est-on bien rendu compte des causes de la prolongation des préventions, et de l'utilité ou de l'efficacité réelle qu'auraient les deux innovations que l'on demande? Je ne le crois pas.

On exagère la sévérité des magistrats français, le nombre

(1) Voir le rapport du dernier Compte-rendu de l'administration de la justice criminelle pour 1860, publié en 1862.

des détentions préventives qui auraient pu ne pas être ordonnées et la durée de ces détentions dans les affaires ordinaires. Nous l'avons précédemment prouvé en réduisant ces accusations à leur véritable valeur et en montrant que, sous ce rapport, nous ne sommes pas aussi éloignés de l'Angleterre qu'on le suppose. Un recours est ouvert aux inculpés détenus contre les décisions des juges d'instruction qui leur refusent la liberté sous caution ; que l'on compte combien d'ordonnances ont été réformées depuis trente ans par les chambres des mises en accusation ; on n'en trouverait pas dix. S'il y avait réellement excès et abus de pouvoir, si les détentions préventives étaient réellement trop légèrement ordonnées dans les affaires graves, les seules qui se prolongent au delà du terme ordinaire, les oppositions aux refus de liberté se seraient depuis longtemps multipliées et auraient dénoncé le mal. Mais admettons un instant qu'il y ait des détentions inutilement ordonnées, ou, ce qui est peut-être plus fréquent, qu'on ne les fasse pas toujours cesser le jour où elles sont devenues inutiles, quel serait le remède ?

J'ai démontré (1) que le législateur ne peut pas déterminer à l'avance tous les cas particuliers dans lesquels l'arrestation et la détention préventives sont permises, et qu'il ne peut imposer que des règles générales qui laissent toujours une grande latitude d'appréciation à tous les fonctionnaires auxquels est donné le pouvoir d'arrêter ou de détenir. J'ai démontré aussi que dans la pratique, il se forme, en dehors de la loi, des traditions et des habitudes qui influent sur le nombre des arrestations et des détentions. Il résulte de là que c'est moins par des changements dans la législation que l'on peut diminuer le nombre des arrestations et des détentions, que par une action morale exercée sur les magistrats qui les ordonnent, au moyen d'ins-

(1) Page 28.

tructions générales et d'enquêtes permanentes sur les motifs et la nécessité des détentions ordonnées. Quelque libérale que soit une loi nouvelle sur les mises en liberté avec ou sans caution, il est évident que le juge, qu'il soit seul ou qu'il ait des assesseurs (1), restant libre dans l'appréciation de la nécessité de la détention, on n'aura rien gagné tant que les habitudes générales judiciaires en France n'auront pas été modifiées. Si l'on croit qu'il y ait excès dans le nombre ou la durée des détentions préventives, ce qu'il faut avant tout, c'est rompre les traditions supposées trop sévères; c'est accoutumer les magistrats, lorsqu'ils ordonnent une arrestation ou une détention, à moins se préoccuper du fait inculpé, en lui-même, que de la nécessité réelle d'une détention préventive du point de vue de l'instruction, à n'ordonner ces détentions que quand elles sont indispensables et à les faire cesser dès qu'elles ne le sont plus. Cela n'est pas impossible. Le magistrat instructeur est complétement indépendant, en ce sens qu'aucune de ses décisions ne peut lui être imposée; mais, quant à la police judiciaire, il n'exerce ses fonctions que sous la surveillance des procureurs généraux (2), et, si cela était reconnu nécessaire, il serait facile de réformer une sévérité qui dégénérerait en abus. Au fond, ce n'est qu'une question d'administration générale de la justice criminelle.

Je viens de dire qu'une loi sur les cautions en matière

(1) En Belgique on a essayé de résoudre la difficulté en ordonnant (art. 3, loi du 18 février 1852 sur la détention préventive) que, lorsque l'inculpé est domicilié et que le fait donne lieu à un emprisonnement correctionnel, le juge d'instruction ne pourra décerner un mandat de dépôt que dans des circonstances graves et exceptionnelles, et que ce mandat ne sera maintenu que s'il est confirmé dans les cinq jours, sur le rapport du juge d'instruction, par la chambre du conseil. Cet expédient déplace la question, mais ne la résout pas. Il n'aboutirait qu'à donner au juge d'instruction un moyen de mettre sa responsabilité à couvert.

(2) Art. 57 du Code d'Instr. crim.

criminelle ne suffirait pas pour rendre les mises en liberté plus fréquentes, si les traditions et les mœurs judiciaires s'y opposaient ; mais, si l'on admet que les magistrats, et je crois que c'est le plus grand nombre, soient disposés à laisser les inculpés en liberté toutes les fois qu'ils le peuvent sans compromettre le but qu'ils doivent atteindre, le plus ou moins de perfection de la loi sur le cautionnement exerce nécessairement une grande influence sur le nombre des détentions préventives.

La loi française sur la liberté sous caution n'est pas bonne (1). Elle semble avoir été faite pour restreindre le nombre des libertés sous caution plutôt que pour les multiplier. Elle les entoure de difficultés inutiles, et, ce qui est encore plus fâcheux, elle est sans efficacité. Le législateur s'est surtout préoccupé d'assurer à l'avance le paiement des amendes et des indemnités dues aux parties civiles, pour le cas où l'affaire se terminerait par une condamnation. Il a perdu de vue que le véritable but du cautionnement, comme le but de la détention préventive, est uniquement d'assurer la comparution de l'inculpé à toute réquisition de la justice, et que la contrainte par corps ne doit jamais être appliquée préventivement pour assurer le paiement de condamnations qui ne seront peut-être jamais prononcées. La jurisprudence a encore aggravé ce vice originel en restituant le cautionnement à l'inculpé qui, mis en liberté sur cette garantie, s'est dérobé aux poursuites pour ne paraître qu'au moment où cela lui convient. Du jour où il a été démontré que la caution est illusoire, le juge, n'y ayant plus confiance, ne l'a plus acceptée que dans les cas où la liberté pure et simple aurait pu être accordée.

Si l'on veut sérieusement que la liberté sous caution remplace la détention préventive dans toutes les circonstances où elle peut efficacement la remplacer, ce qu'il y a de mieux à

(1) Voir ce que nous en avons dit page 18 et suiv.

faire, c'est d'adopter purement et simplement la loi anglaise.

Cette loi supprimerait l'obligation de déposer le montant du cautionnement; elle y substituerait l'engagement pris par l'inculpé et par ses cautions de payer une somme déterminée, si l'inculpé ne se représentait pas; les formalités seraient ainsi réduites à une simple signature. Elle donnerait une sanction à l'inexécution de l'obligation de se représenter, en attribuant immédiatement au Trésor public le montant des cautionnements, quelle que pût être plus tard l'issue de l'affaire; elle permettrait la mise en liberté au moment même de l'arrestation, et sans attendre, comme aujourd'hui, que le mandat de dépôt ait été décerné et que la détention préventive ait commencé; elle diminuerait le nombre des individus arrêtés envoyés au petit parquet, en donnant aux commissaires de police, comme il a été donné aux constables en Angleterre, le pouvoir de mettre en liberté sous caution pour les délits, toutes les fois que cela ne leur paraîtrait pas imprudent. Pour adopter cette institution nouvelle à notre organisation judiciaire, on pourrait maintenir l'obligation aujourd'hui imposée de communiquer les demandes de mise en liberté sous caution au ministère public, lorsqu'elles seraient faites *après* le mandat de dépôt décerné; auparavant, le magistrat, qui peut laisser l'inculpé en liberté pure et simple, devrait, à plus forte raison, pouvoir l'admettre à caution, sans attendre les conclusions du ministère public. Il suffirait de réserver au ministère public son droit d'opposition et le droit de requérir, en tout état de cause et même après la liberté accordée, un mandat d'amener et un mandat de dépôt si cette mesure devenait nécessaire; de même que l'on réserverait à l'inculpé le droit d'opposition à toute ordonnance du juge refusant de l'admettre à caution, ainsi que cela a lieu en Angleterre.

Il n'est pas douteux pour nous qu'une pareille réforme, introduite en France, satisferait à la fois à toutes les exigences de la répression, de la justice et de l'humanité; que, franchement et largement exécutée, elle diminuerait sensiblement le nombre des détentions préventives, et qu'elle ferait cesser des réclamations qui ne sont peut-être pas toutes mal fondées.

IX —CAUSES DE LA DURÉE DES DÉTENTIONS PRÉVENTIVES.— MOYENS D'Y REMÉDIER. — L'INSTITUTION DU JUGE UNIQUE N'EST QU'UNE QUESTION D'ÉCONOMIE.

Après avoir ainsi déterminé la mesure dans laquelle une modification de la loi sur le cautionnement serait utile, voyons quelle serait l'utilité de l'institution du *juge unique*, statuant en audience publique.

La détention préventive étant supposée réduite aux circonstances où elle est indispensable, il reste la question de sa durée, qui dépend de la célérité pour arriver au jugement.

Si la prévention se prolonge par suite des difficultés que présente l'instruction de quelques affaires exceptionnelles, il n'y a aucun remède; une procédure incomplète est fatale à la justice, qu'elle expose à des erreurs ; elle est fatale à l'inculpé lui-même, dont l'innocence eût peut-être été démontrée si la procédure eût été complétée. Il est vrai que quelquefois ces difficultés peuvent être abrégées par l'activité, l'expérience et la sagacité du magistrat chargé de l'information; mais la capacité spéciale et les conditions intellectuelles qu'exigent les fonctions du juge d'instruction, sont des questions à part, qui ne peuvent être traitées ici et qui se rattachent à des problèmes d'un autre ordre.

La prévention peut se prolonger encore par suite des vices de l'organisation de la police judiciaire ou des tribunaux, ou par suite des exigences de la loi de procédure, ou par suite des abus qui s'introduisent fréquemment dans la pratique. Dans ce cas, le remède est toujours possible.

Ainsi que nous l'avons précédemment démontré, l'organisation de la police et des corps judiciaires est meilleure en

France qu'en Angleterre. L'institution des commissaires de police et des autres officiers de police judiciaire a donné aux enquêtes préliminaires une sûreté et une rapidité qui ne peut être surpassée ni même égalée nulle part. Les tribunaux permanents, multipliés sur toute la surface du sol, suffisent largement à l'expédition des affaires à mesure qu'elles se produisent. Sous ce rapport, nous n'avons rien à envier à aucun peuple. Peut-être seulement y aurait-il quelque chose à faire à Paris, où les affaires sont très-multipliées et où elles prennent souvent des proportions inusitées ailleurs.

En prescrivant l'interrogatoire de l'accusé dans les vingt-quatre heures de son arrestation, la loi a limité le délai dans lequel devrait rigoureusement se renfermer l'enquête préliminaire, et le délai dans lequel les procès-verbaux qui la constatent devraient parvenir au juge. A Paris, ce délai est habituellement observé dans les affaires ordinaires. Dans les affaires graves et compliquées, il est nécessairement prolongé par les difficultés et la longueur de l'enquête; il l'est encore dans certains quartiers par l'impossibilité de terminer si promptement le trop grand nombre d'enquêtes qui doivent être conduites simultanément; ajoutons qu'il l'est aussi quelquefois inutilement, parce que, dans l'excès de leur zèle, quelques commissaires de police oublient qu'ils doivent se borner à une enquête sommaire.

Les enquêtes sommaires trop longues dans des affaires sans gravité réelle, ont un résultat encore plus grave que le retard des procès-verbaux. Elles empêchent de les terminer immédiatement au petit parquet, comme elles pourraient l'être souvent. Chaque juge du petit parquet, ayant à interroger par année de 4 à 5,000 détenus, ne peut faire qu'un examen rapide des procès-verbaux. Toutes les fois que ces procès-verbaux ont une longueur démesurée, guidé par la présomption que cette longueur doit être en rapport avec l'importance de la prévention, et qu'ils exigent un examen plus approfondi, il les renvoie au juge d'instruction ordinaire, dans le cabinet duquel les affaires ne peuvent être expédiées aussi rapidement qu'au petit parquet.

Au petit parquet, sur 12,000 affaires, en terme moyen, par année (1), plus de 10,600 sont instruites en quelques heures par les juges d'instruction, qui n'ont souvent qu'un interrogatoire à faire et un mandat de dépôt à décerner. Dans ce nombre, 7,400 affaires, intéressant près de 4,000 détenus, se terminent par des ordonnances de renvoi en police correctionnelle. Le tribunal correctionnel siége tous les jours; cependant chaque détenu attend l'audience près de huit jours, par suite du temps qu'exigent la communication au parquet, l'ordonnance de renvoi et le délai de trois jours pour la citation (2). C'est ce délai de huit jours qui a permis de dire un peu emphatiquement, que sur 7,600 détenus environ que juge par année le tribunal correctionnel de la Seine, il y en a 1 sur 2 pour lequel l'attente du jugement dure plus longtemps que l'information.

Pour les 3,000 à 3,500 détenus renvoyés aux juges d'instruction ordinaires, si la durée de la détention ne dépendait que de la gravité de l'affaire et des difficultés qu'elle présente, il n'y aurait qu'à se résigner, ainsi que nous l'avons fait remarquer plus haut; mais, dans un très-grand nombre d'affaires, cette durée a une autre cause, qui est la quantité trop considérable des informations dont chaque juge est chargé. Il ne suffit pas de faire les instructions vite, il faut les faire complètes. Les fonctions de juge d'instruction, à Paris, sont lourdes et difficiles. La plupart des affaires y prennent des proportions considérables. Quelques-unes exigent une véritable étude pour être bien approfondies, bien comprises et bien dirigées. Les journées ne sont pas assez longues pour que le magistrat, qui remplit con-

(1) Ces chiffres sont ceux donnés par les années 1858 à 1860.
(2) Art. 184 du Code d'Instr. crim.

sciencieusement ses fonctions, puisse suffire à tout et expédier toutes les affaires qu'on lui envoie, le jour où il les reçoit. Les détenus prennent forcément un tour de rôle dans son cabinet, comme à l'audience; il les fait passer le plus promptement possible, en ajournant, au besoin, les affaires où l'inculpé n'est pas arrêté; mais ils attendent encore souvent trop longtemps leur tour; ils sont jugés ordinairement dans le premier et, au plus tard, dans le second mois de leur détention. Plus de la moitié n'attendraient pas quinze jours si le juge, moins chargé, avait le temps d'entendre immédiatement les témoins.

Enfin, quand les affaires sont sorties du cabinet du juge d'instruction, il se produit une dernière cause d'ajournement, l'encombrement des audiences correctionnelles, qui ne peuvent suffire pour juger au jour le jour tous les inculpés, quelque rapidement qu'elles soient conduites.

L'institution du *juge unique*, statuant en audience publique, ferait-elle cesser toutes ces causes de la prolongation des détentions ?

Il lui serait impossible d'abréger les délais dus aux procédures sommaires des commissaires de police; sans ces procédures il ne pourrait pas juger la plupart des affaires. Il faut qu'il attende les procès-verbaux. Si l'on voulait le substituer au commissaire de police et transporter à l'audience l'enquête que ce magistrat fait sur place, ce serait encore pis. Ses enquêtes seraient moins complètes ; il perdrait inutilement beaucoup de temps; les remises d'audience en audience pour attendre les renseignements et les témoins se multiplieraient et prolongeraient la détention préventive que l'on veut abréger (1). Il lui arriverait souvent d'être

---

(1) C'est ce qui se produit chaque jour à Londres aux audiences des juges de police. Lorsque l'inculpé qui leur est amené n'est arrêté que de la veille, le plus souvent le temps a manqué à la police pour produire les témoins. Il faut alors qu'il soit *remanded*, c'est-à-dire, *mis en prison* en attendant qu'on ait pu trouver les témoins et les faire venir à l'audience.

obligé d'envoyer en prison des inculpés qui sont aujourd'hui relâchés sur-le-champ, soit par le commissaire de police, soit par le procureur impérial, sur la seule inspection des procès-verbaux.

Il ne serait pas moins impuissant pour abréger les délais dans les affaires aujourd'hui renvoyées à l'instruction. Nous avons déjà démontré que, par la force des choses, l'instruction faite en audience publique est nécessairement moins rapide que l'instruction secrète, et que, bien loin de faciliter la solution des difficultés d'une information, l'audience les aggrave et les complique.

La seule utilité du *juge unique* serait d'abréger le délai de cinq à huit jours, résultant de la procédure du petit parquet et de la citation de l'inculpé dans les affaires ordinairement peu graves, qui arrivent au petit parquet en état d'être jugées, et d'alléger les audiences des chambres correctionnelles, en les débarrassant de ces affaires. Mais il faut ajouter que ces deux résultats peuvent facilement être obtenus sans l'institution du juge unique, de même que sans lui on peut remédier aux autres causes de retard que nous venons d'énumérer.

En réalité, l'institution du juge unique n'est qu'une question d'économie; nous allons le démontrer en indiquant les principaux moyens de remédier aux causes qui, aujourd'hui, prolongent les préventions.

Si l'on pensait que les délais dans lesquels les procès-verbaux des commissaires de police sont remis au parquet pussent être abrégés, il n'y aurait qu'une simple mesure d'ordre à prendre. C'est au ministère public qu'il appartient de surveiller leurs informations sommaires; de leur enjoindre plus de célérité, s'il y a eu des retards inutiles; plus de concision, si leurs procédures ont une étendue non justifiée. Pour diminuer leur travail et gagner du temps, ils pourraient être autorisés, dans les affaires de peu de gravité, à transmettre simplement au parquet les rapports de la police, après en avoir sommairement vérifié l'exactitude, et les avoir seulement complétés, s'il y a lieu. Ces rapports, quoique très-brefs, résument le plus souvent les faits clairement; ils indiquent le nom et le domicile des témoins, et toutes les circonstances réellement importantes; les heures que le commissaire de police passe à les délayer en plusieurs pages, sont souvent des heures perdues. Cette mesure ne pourrait avoir aucun inconvénient, surtout dans les cas où l'inculpé a été arrêté en flagrant délit, et ceux où il avoue.

Depuis longtemps les délais qui auraient pu résulter de la négligence et de l'oubli des magistrats chargés de l'instruction des affaires graves, ont été prévenus par l'active surveillance des procureurs généraux. Tous les mois des états spéciaux dressés dans chaque cabinet, font connaître où en est chaque affaire; toute cause de retard y doit être indiquée. Mais il reste à réduire à Paris le nombre des affaires confiées à chaque juge d'instruction, dans une mesure qui permette leur expédition immédiate. Le moyen le plus direct et le plus simple, serait une augmentation du personnel. Cette augmentation pourrait être facilement justifiée. Toutefois, avant d'y recourir, il y aurait à s'assurer s'il ne serait pas possible de ne pas envoyer aux juges d'instruction toutes les affaires qui encombrent aujourd'hui leurs cabinets. L'attention de M. le garde des sceaux, ministre de la justice, s'est déjà portée sur ce point; il a invité les procureurs impériaux à citer directement à l'audience les inculpés, toutes les fois que l'information sommaire des officiers ou des auxiliaires de la police judiciaire est suffisante. Sous cette impulsion, le nombre des citations directes s'est assez multiplié pour que, dans le Compte général de l'administration de la justice criminelle en France, une diminution sensible dans le nombre des affaires renvoyées aux juges d'instruction, ait pu être signalée (1). Cependant on n'a

(1) Compte-rendu de l'administration de la justice criminelle 1860, rapport

pas encore atteint dans cette voie la limite jusqu'à laquelle il est possible d'aller ; pour y arriver il faudrait combler une lacune dans le Code d'instruction criminelle.

Le danger des citations directes est d'apporter à l'audience des affaires incomplétement ou mal instruites, qui, en nécessitant des remises et une instruction à l'audience, ralentissent l'expédition générale des affaires et font perdre un temps précieux. Ce résultat fâcheux est sensible, surtout, à Paris, où les trois chambres de la police correctionnelle peuvent à peine suffire pour vider les rôles. Un grand nombre d'affaires ne sont envoyées aux juges d'instruction que pour l'éviter. Le plus souvent, le doute qui a fait requérir l'information n'est pas fondé, et si ces affaires eussent été portées directement à l'audience, elles eussent pu être jugées immédiatement. La procédure faite par le juge d'instruction n'a eu aucune utilité réelle ; elle a fait double emploi avec celle du commissaire de police, qu'elle a recommencée sans rien obtenir de plus ; elle n'a servi qu'à surcharger les juges d'instruction et à prolonger la détention : c'est du temps et de l'argent mal employés. Pour obvier à cet inconvénient, pendant plusieurs années, à Paris, lorsqu'à l'audience il se révélait qu'une affaire, dont les chambres correctionnelles avaient été saisies sans information préalable, ne pouvait être jugée qu'après une enquête trop délicate ou trop compliquée pour être faite à l'audience, on la renvoyait à un juge d'instruction. Cet usage a été réformé parce qu'il était contraire aux principes de notre droit criminel. Lorsqu'un tribunal est saisi, il faut que l'information se fasse à l'audience, et il ne lui appartient pas de commettre un juge pour la compléter dans son

---

page LXXIII. Le nombre moyen annuel des affaires communiquées aux juges d'instruction s'était élevé à 88,000 dans la période quinquennale 1846 à 1850. Il est descendu à 78,000 de 1851 à 1855, et à 73,000 de 1856 à 1860. Il ne forme plus que 28 sur 100 à peine du nombre total des affaires, tandis qu'il en formait 32 centièmes de 1851 à 1855, et 35 centièmes de 1846 à 1850.

cabinet. Il importe que les corps judiciaires ne dépassent jamais les limites des pouvoirs que la loi leur a accordés; toute coutume contraire est dangereuse, et c'est avec raison qu'on est revenu à la stricte exécution du Code d'instruction criminelle. Mais ce droit, que n'a pas aujourd'hui le tribunal correctionnel, rien n'empêche de le lui donner, en le réglant et en le limitant de manière à ce qu'il ne dégénère pas en abus. Dès qu'il lui appartiendra, les citations directes ou les citations immédiatement après le mandat de dépôt décerné au petit parquet, pourront être multipliées sans inconvénient.

L'abus des informations inutiles est sensible, surtout, lorsque l'inculpé avoue, ou lorsqu'il a été pris en flagrant délit. L'aveu, fait par l'inculpé devant les agents de la police et constaté dans leur rapport, renouvelé devant le commissaire de police, renouvelé une troisième fois dans l'interrogatoire au petit parquet, renouvelé une quatrième fois devant le juge d'instruction saisi définitivement de l'affaire, n'empêche pas de recommencer l'information préliminaire du commissaire de police, d'entendre de nouveau tous les témoins qu'il a déjà entendus, de recueillir toutes les preuves, de faire même des expertises. Cette dernière information, quelque minutieuse et longue qu'elle ait été, n'empêche pas à son tour qu'à l'audience, malgré l'aveu répété pour la cinquième fois, on n'entende une troisième fois les témoins et qu'on ne procède aux débats, comme s'il n'y eût pas eu aveu. Il est vrai qu'ordinairement tout ce luxe inutile d'informations ne se produit que dans les affaires qui doivent être portées devant le jury; mais il n'y en a pas moins là un abus et une perte de temps considérable, que rien ne justifie, et qui contribuent dans une assez forte proportion à motiver les plaintes sur la durée des détentions préventives. Nous poussons peut-être trop loin en France la recherche de la perfection abstraite. Cette recherche, dans la procédure criminelle, ne nous paraît permise que dans la limite de ce qui est indispensable pour donner de la certitude aux arrêts de la justice; elle ne doit pas aller jusqu'à prolonger sans cause la détention préventive d'un accusé, qui implore un jugement immédiat de condamnation comme une grâce.

Nous voudrions voir adopter ici les procédés de la justice anglaise. Lorsque l'accusé se déclare coupable du fait qui lui est imputé, et que son aveu est simple et clair, les juges statuent immédiatement sans entendre les témoins et sans plaidoiries (1).

Nous comprenons et nous respectons le sentiment élevé du droit et de la justice qui empêche en France d'admettre l'aveu comme une preuve suffisante, et fait exiger qu'il soit corroboré par d'autres preuves. Mais nous craignons qu'on ne l'ait poussé trop loin dans la pratique, et que, par excès d'humanité et de respect pour l'innocence présumée de l'accusé, on ne soit arrivé à se rendre coupable envers lui d'une espèce de cruauté. Pour bien comprendre la position qui lui est faite et ce qu'il endure, il faut avoir entendu, comme nous l'avons entendu tant de fois, le malheureux detenu, à chacun des actes d'une longue procédure, invoquer son aveu et demander des juges, en protestant contre la prolongation inutile de la prévention. Aujourd'hui le juge ne peut que lui répondre, que son aveu importe peu et qu'il ne peut pas être jugé tant que la procédure ne sera pas complète. Que dans les cas douteux, on informe malgré l'aveu, c'est un devoir; mais quand l'aveu est *spontané*, qu'il a été plusieurs fois renouvelé, qu'il est confirmé par l'information préliminaire du commissaire de

---

(1) Il ne suffit pas que l'inculpé avoue le fait, il faut de plus qu'il reconnaisse que ce fait est *coupable* dans le sens de l'accusation, et qu'il se mette lui-même spontanément à la merci du juge. Si l'inculpé, tout en avouant le fait, réserve sa défense et soutient son innocence, l'information doit-être complétée. (Voir Blackstone, livre IV, chap. xxv, et l'acte du Parlement du mois d'août 1855. analysé dans la note, page 56).

police, que l'inculpé se met à la merci du juge en se déclarant coupable, ce n'est plus une information que demandent la justice et l'humanité ; ce qu'elles exigent, c'est que la prévention ne soit pas prolongée, c'est que le détenu soit conduit immédiatement devant ses juges. A l'audience même, lorsque la culpabilité est hautement et librement avouée, on pourrait supprimer le débat à l'exception de l'exposé des faits et des circonstances qui peuvent influer sur l'application de la peine.

En Angleterre, l'aveu que l'inculpé fait de sa culpabilité et sa déclaration qu'il demande à être jugé immédiatement, donnent au juge de police le pouvoir de statuer sur-le-champ sur des faits qui, sans l'aveu, seraient de la compétence des *quarter sessions* (1) ; aux *quarter sessions* et aux assises ou à la Cour criminelle centrale, il dispense de demander un verdict aux jurés, et permet à la Cour de prononcer aussitôt son arrêt. Il serait à désirer qu'en France l'aveu de culpabilité renouvelé devant le premier juge saisi de l'affaire, pût et dût motiver : s'il s'agit d'un délit, une citation immédiate et un jugement sans débat devant le tribunal correctionnel ; s'il s'agit d'un crime, un renvoi immédiat devant la Cour d'assises et un arrêt de la Cour sans l'assistance des jurés. Pour prévenir tout danger d'erreur, il suffirait de laisser ou de donner aux magistrats, aux tribunaux et aux Cours, la faculté d'envoyer l'affaire aux juges d'instruction s'il leur restait un doute ou si l'aveu était rétracté.

Ce mode sommaire de procédure supprimerait bien des mois de prévention ; il allégerait le travail des juges, à qui le temps manque. Un de ses avantages serait de permettre de supprimer la procédure du petit parquet pour un grand nombre d'affaires correctionnelles, et de les faire juger immédiatement, comme en Angleterre. Au lieu de demander

(1) 18 and 19 Vict., cap. CXXVI, sec. 1 à 7 (voir la note pag. 56).

un mandat de dépôt au juge d'instruction, on pourrait conduire directement à l'audience tous les inculpés qui s'avouent coupables. Ils seraient jugés, comme sont jugées à Londres par le juge de police toutes les affaires de la nuit. Pour que cela fût possible, il suffirait de supprimer la nécessité du sursis de trois jours pour la citation (1) et de permettre de saisir le tribunal immédiatement, lorsque l'inculpé ne réclamerait pas un délai.

Il s'est introduit dans la pratique, en Angleterre, un autre usage qui simplifie singulièrement les informations et les abrége. Lorsqu'un grand nombre de faits criminels ont été commis par le même inculpé, le juge anglais se contente d'informer sur les principaux de ces faits; s'ils sont clairement et incontestablement établis, il néglige les autres. A l'une des audiences du mois de septembre dernier, un inculpé était traduit devant une des Cours de police de Londres. La police lui reprochait vingt faits constituant des félonies; après avoir produit les témoins sur trois de ces faits, elle demandait un ajournement pour faire entendre les autres. « Nous avons trois faits parfaitement prouvés, « répondait le juge de police, arrêtons-nous là. C'est assez « pour le jury. » En France, l'information et la détention auraient duré un mois de plus. C'est un principe adopté par les chambres des mises en accusation, et auquel elles tiennent la main, que tous les faits criminels signalés dans une procédure doivent être relevés, et que la preuve de chacun d'eux doit être faite comme s'il était unique. Cette jurisprudence s'appuie sur des motifs sérieux ; mais ici encore la perfection théorique est un obstacle à la célérité. Les affaires dont la durée est la plus longue, et qui surchargent le plus les cabinets des juges d'instruction, sont précisément le plus souvent des affaires de cette nature. Peut-être une recherche trop rigoureuse de tous les faits n'est-elle pas

(1) L'art. 184, Code d'Inst. crim., permet de renoncer à ce délai.

toujours indispensable. Il y a certaines classes de malfaiteurs telles que les faussaires, les escrocs de profession, les banqueroutiers, les voleurs récidivistes, qui arrivent ordinairement à l'instruction avec une longue série de crimes ou de délits tous identiques. Quand il en a été prouvé un nombre suffisant pour établir le degré de la perversité de l'inculpé, et donner aux juges assez d'éléments pour graduer le châtiment, on pourrait permettre de ne pas aller plus loin, surtout sous une législation qui défend le cumul des peines. J'ai vu relever, dans une seule procédure, plus de 1,000 faux contre le même accusé (1). Il n'est pas nécessaire d'aller aussi loin pour qu'il y ait excès; j'appellerais excès tout ce qui est au delà des investigations et des actes indispensables pour préparer le jugement et former la conviction du juge. Je ne crains pas d'affirmer que, même réduit à ces termes, l'excès existe et qu'il se reproduit fréquemment. Il serait facile de le prévenir, sans tomber dans l'excès contraire, en laissant au juge d'instruction et au ministère public, agissant d'accord, le droit de dire comme le juge anglais : « Arrêtons-nous là! il y en a assez (2). »

---

(1) C'était en 1841, l'instruction avait duré près d'un an. Le nombre des questions soumises au jury était énorme ; il avait fallu les faire autographier. Après trois heures de délibération, les jurés faisaient prier le président des assises, M. Cauchy, de se rendre au milieu d'eux. Ils avaient déjà rempli plusieurs pages de leurs réponses, et ils voyaient avec effroi que le volume ne diminuait pas sensiblement. Les faits étaient clairs; ils proposaient d'en finir en formulant ainsi leur réponse : *Oui, sur toutes les questions.* « Ajoutez « plutôt à la suite de vos premières réponses : *Non,* sur toutes les autres « questions, leur répondit M. Cauchy, personne ne contestera la validité de « votre réponse. » Il eût mieux valu ne pas perdre une année à informer minutieusement sur les faits dont on était obligé de se débarrasser ainsi.

(2) La loi anglaise exige un acte d'accusation (*indictement*) pour chaque fait, s'il y a plus de trois faits au préjudice du même plaignant, il est forcé de choisir ceux qu'il veut poursuivre. Vict. reg., cap. 100, sec. 19. Il y a peut-être là une exagération dans l'autre sens.

Les mesures que nous venons d'indiquer, si elles étaient réalisées; la simplification des informations préliminaires, qui accélérerait la transmission des procès-verbaux; la suppression facultative du délai de citation pour les détenus, lorsqu'il ne serait pas requis; le jugement sans instruction sur l'aveu, et le pouvoir donné aux tribunaux ordinaires d'ordonner un renvoi à l'instruction, qui permettrait d'abréger les préventions et de multiplier les citations directes; enfin la suppression des procédures qui ne sont pas indispensables, auraient pour conséquence immédiate d'amener plus rapidement les affaires devant les tribunaux correctionnels et d'augmenter le travail des présidents, qui est maintenant facilité par la procédure des juges d'instruction.

Nous avons déjà dit que, dès aujourd'hui, les chambres correctionnelles à Paris sont trop chargées; elles sont obligées d'aller trop vite. Si la certitude des jugements n'y perd ordinairement rien, la dignité de la justice n'est pas toujours suffisamment conservée pour que les condamnations produisent l'effet moral qui est un des buts principaux des lois pénales; il ne suffit pas qu'un tribunal prononce des jugements, il faut que ses sentences soient comprises par le public qui assiste aux audiences, et que dans la conscience des auditeurs il ne puisse rester aucun doute sur les motifs et la justice de la condamnation. Il n'est pas toujours facile d'obtenir ce résultat lorsqu'on est obligé de compter les minutes que l'on peut accorder à chaque affaire.

La création d'une chambre correctionnelle de plus au tribunal de la Seine serait nécessaire dans l'état actuel des choses; elle deviendrait indispensable et urgente, si l'on voulait abréger les détentions préventives en accélérant la marche des affaires, et en augmentant le nombre de celles qui sont portées directement à l'audience.

C'est ici seulement, que commence à se poser la question de l'utilité du *juge unique*. Un président et deux juges coûteraient 26,000 fr.; 1,000 fr. de plus seulement qu'un juge de police à Londres. Mais un juge unique à Paris ne recevrait que 9,600 fr.; s'il pouvait remplacer une chambre, il y aurait une économie de 16,600 fr.! Voyons quelles seraient les conséquences de cette économie, et si elle mérite qu'on altère une organisation judiciaire que nous envient les autres nations, et qui leur sert de modèle.

X. — Du juge unique. — Dangers de son institution. — De la procédure secrète et de la pluralité des juges.

Le *juge unique* ou comme les lois anglaises le définissent, le magistrat de police agissant seul : *police magistrate acting singly*, n'est pas une invention britannique. C'est une importation française, faite récemment en Angleterre et adaptée à l'organisation anglaise, pour tâcher d'en atténuer les vices.

Dans l'origine, toute affaire criminelle en Angleterre était jugée sur un verdict du jury. Plus tard, la procédure sommaire, qui permet au juge d'acquitter ou de condamner sans l'intervention du jury, fut introduite, dans l'intérêt de l'accusé et dans l'intérêt des jurés, pour les délits sans gravité. « Le « but de cette institution, dit Blackstone, a pour objet le « soulagement *du sujet*, en lui faisant rendre une prompte « justice, et d'épargner aux francs tenanciers des séances « fréquentes pour examiner des affaires minutieuses (1). » L'introduction de la procédure sommaire avait pour conséquence inévitable l'extension progressive de la juridiction des juges statuant sans jurés et la création de tribunaux permanents. En Angleterre, on ne se décide pas si facilement qu'en France à toucher à la législation et à la refondre d'une seule pièce. Depuis plus d'un siècle les Anglais avaient reconnu l'imperfection d'un système qui, pour informer sur

(1) Blackstone, liv. IV, chap. xx. Il était très-opposé à cette institution.

une plainte, exigeait la présence en audience publique de deux juges de paix, et qui ajournait à quinze jours avec les *petty sessions*, à trois mois avec les *quarter sessions*, à six mois avec les assises, le jugement des contraventions, des délits et des crimes; mais on n'osait y toucher dans la crainte de compromettre *les libertés* du pays, crainte souvent imaginaire qui perpétue en Angleterre tant d'abus. Il fallut que la sûreté de Londres fût entièrement compromise par une population toujours croissante de malfaiteurs, pour que, en 1839, on se décidât à chercher une organisation plus sûre et plus active que l'ancienne, afin de donner plus de puissance à la répression. C'est alors que, pour remplacer les deux juges de paix dans l'instruction des affaires criminelles, on créa un magistrat qui fut pris parmi les hommes de loi rompus aux affaires (1). Ce magistrat une fois institué, il devenait logique et raisonnable de lui confier le jugement des petites affaires criminelles, attribuées auparavant aux juges de paix. On substituait ainsi à des hommes bien intentionnés, mais n'ayant qu'une connaissance insuffisante des lois, un magistrat savant et expérimenté. D'un autre côté, les nouveaux magistrats étant salariés et soumis à la direction du Gouvernement, il devenait possible d'exiger d'eux une assiduité et un service régulier que l'on ne pouvait imposer aux juges de paix, magistrats volontaires sans traitement (2). Les avantages de cette nouvelle institution n'ayant pas tardé à se révéler, on l'étendit aux principales villes de l'Angleterre par la création des magistrats de po-

---

(1) *An act for regulating the police courts in the metropolis*, *24ᵗ august 1839*. 2,3 Vict. reg., cap. LXXI.

(2) Au nombre des effets fâcheux de l'institution des procédures sommaires, Blackstone (loc. cit), compte : « l'accroissement onéreux des fonctions de juge « de paix qui décourage tant de personnes d'un rang et d'un caractère dis- « tingués, d'agir dans les commissions de peur que les devoirs de leur charge « ne prennent un temps trop considérable, qu'ils ne veulent pas dérober aux « affaires qu'exigent leur famille et leurs engagements dans d'autres services « publics. »

lice salariés, *stipendiary*. Puis bientôt, continuant l'exécution de la pensée qui, dans l'origine, avait déjà fait substituer la justice sommaire au jury, et obéissant à la nécessité de diminuer les charges toujours croissantes des jurés et d'abréger les détentions, on augmenta la juridiction des magistrats de police *acting singly*, en leur permettant de juger des *félonies*, réservées jusque-là aux *quarter sessions*. Ce nouveau pas en avant ne date que de 1855; on peut prévoir qu'on ne s'arrêtera pas là. Les Anglais seront conduits par la raison et par la puissance des faits à attribuer encore aux Cours de police la connaissance d'autres délits, et à ne plus réserver au jury, comme en France, que les crimes graves. Il viendra un jour où le juge de police, trop chargé, ne pourra plus, à la fois, instruire les affaires et les juger; les doubles fonctions qu'il exerce aujourd'hui seront divisées. Alors se posera, pour l'Angleterre, la question de la *pluralité des juges salariés* substitués au jury comme garantie, en raison de la gravité des faits à juger et des peines à appliquer (1). On peut prédire qu'ils en viendront à adopter une organisation analogue à celle de nos tribunaux correctionnels. Que l'on en soit bien convaincu, s'ils avaient eu cette organisation, ils n'auraient pas créé le magistrat de police : cette institution n'est qu'une étape qui doit conduire à d'autres perfectionnements.

---

(1) Après avoir exprimé la crainte que le pouvoir de juger donné à un seul homme ne soit « prostitué et employé à remplir des vues scandaleuses, « à satisfaire les passions, l'ambition, l'avarice ou la vengeance, » Blackstone ajoute : « Funestes conséquences qui nous font réfléchir sur la sage pré- « voyance de nos anciens législateurs, qui n'ont jamais souffert que la propriété « ou la punition du sujet fussent déterminées par l'opinion d'un seul homme « ou même de deux. » Il en concluait qu'il ne fallait plus s'écarter de la constitution, ni donner plus d'extension aux convictions sommaires qui, alors, étaient restreintes à des peines légères infligées pour jurements, ivrognerie, maraudage et autres faits de la compétence de nos juges de paix. (Blackstone, loc. cit. liv. IV, chap. XX.)

Nous avons atteint depuis longtemps le but vers lequel tendent les Anglais. Notre organisation judiciaire est complète ; on ne pourrait pas y introduire le juge unique, tel qu'il existe en Angleterre, sans la rendre moins parfaite ; ce serait une superfétation inutile et dangereuse. Pour les Anglais, cette institution est un pas en avant ; pour nous, ce serait un pas en arrière.

Nous avons déjà l'institution du juge unique dans la mesure où elle peut être utile ; c'est à nous que les Anglais l'ont empruntée.

Les fonctions du magistrat de police se bornent à faire seul l'instruction des affaires qui doivent être jugées par les Cours supérieures, instructions qui, avant lui, ne pouvaient être faites que par deux juges de paix, et à juger, en premier ou dernier ressort, les affaires criminelles minimes et quelques délits correctionnels. Au lieu d'être réunies sur la même tête, ces deux fonctions, en France, sont divisées. L'instruction des affaires criminelles est faite pas *un juge unique*, qui est le juge d'instruction ; les petites affaires sont jugées par *un juge unique*, le juge de paix siégeant au tribunal de police. La seule différence entre le juge d'instruction et le magistrat de police anglais, en ce qui touche à la procédure criminelle, c'est que le magistrat de police fait ses informations publiquement à l'audience, et que le juge d'instruction les fait en secret dans son cabinet. La seule différence entre le magistrat de police anglais et le juge de paix français siégeant au tribunal de police, c'est qu'il peut prononcer des peines plus sévères, et qu'aux contraventions, qui forment le fond des deux juridictions parallèles, on a ajouté, en Angleterre, des délits qui sont restés en France de la compétence des tribunaux correctionnels.

L'introduction en France du juge unique, tel qu'il existe en Angleterre, ne pourrait avoir pour résultat que de substituer l'information en audience publique à l'information secrète et un seul juge aux trois juges correctionnels.

Le tribunal correctionnel juge, comme le magistrat de police, sans l'assistance des jurés; comme le magistrat de police, il peut siéger tous les jours, si cela est nécessaire; il suffit d'avoir autant de chambres que l'exige le service pour que la célérité soit la même. En substituant le juge unique à ce tribunal, on violerait sans nécessité ce grand principe du droit criminel, qui, pour la garantie de l'accusé, exige que la condamnation ne soit pas abandonnée au jugement d'un seul homme (1). Nous ne dirons pas avec Blackstone qu'en donnant à un seul juge le pouvoir de juger, nous craignons que « ce pouvoir ne soit prostitué et employé à satis- « faire les passions, l'ambition, l'avarice, la vengeance (2). » La magistrature telle qu'elle est aujourd'hui constituée en France ne permet pas de concevoir une pareille crainte; mais, quelles que soient la science et l'intégrité d'un juge, c'est un homme sujet à l'erreur, et il sera toujours plus sûr pour un accusé d'être jugé par un tribunal composé de plusieurs magistrats. Il ne suffit pas d'ailleurs que la justice ne commette pas des erreurs ou des forfaitures; pour le maintien de l'ordre général dans la société, il importe presque autant que les justiciables ne puissent pas douter de la certitude et de l'équité de ses décisions. Un seul juge est plus exposé à la calomnie que plusieurs; son savoir, ses vertus et son indépendance seront encore plus souvent révoqués en doute que le savoir, les vertus et l'indépendance d'un tribunal composé de plusieurs juges. La pluralité des juges et leur inamovibilité sont les deux fondements sur lesquels repose en France l'administration de la justice, qui est une

(1) Le juge de paix statue seul, en France, sur les contraventions, mais dans les contraventions c'est le fait matériel seul qui est puni : la condamnation n'est qu'une mesure d'ordre général. Lorsqu'il s'agit d'un délit correctionnel, c'est la liberté, l'honneur, la réputation et souvent la fortune de l'inculpé qui sont compromis.

(2) Voir la note 1, page 85.

de nos gloires. Elles ont résisté à toutes les tempêtes politiques ; il ne serait pas prudent de porter atteinte à l'une ou à l'autre. Il suffit d'une brèche ouverte pour causer promptement la ruine de l'édifice le plus solide (1).

Il ne serait pas moins regrettable et moins dangereux de fermer le cabinet du juge d'instruction, et de transporter l'instruction criminelle à l'audience.

Nous avons déjà dit que, par le fait seul qu'il statue à l'audience, le magistrat anglais reste, sous le rapport de la célérité et de la sûreté des informations, dans des conditions moins favorables que le juge d'instruction, qui est en fonctions sans interruption, et qui agit à toute heure et partout (2). Nous ne reviendrons pas sur ce point ; mais l'utilité de l'instruction secrète ne s'arrête pas là.

On ne se rend pas habituellement bien compte de ce que cachent ces mots : *instruction secrète* ; ils rappellent de fâcheux souvenirs. L'instruction secrète actuelle n'a rien de commun avec celle d'autrefois. L'instruction secrète, justement flétrie, était celle qui, faite en secret et en dehors de l'accusé, pouvait servir à le faire condamner, sans quelquefois qu'il connût ses accusateurs, sans qu'il eût pu contredire les témoins et les charges qu'on lui opposait, sans que la publicité du débat vînt servir de contrôle à la procédure et le garantir d'une condamnation inique. Aujourd'hui, en France, la procédure criminelle ne peut jamais suppléer au débat public. Elle ne sert qu'à recueillir plus promptement et plus sûrement les éléments de la culpabilité ou de l'innocence de l'accusé, afin de le mettre immédiatement en liberté s'il est innocent (3), ou l'envoyer à l'audience s'il est présumé l'auteur du délit. Ce n'est qu'une

(1) L'inamovibilité n'est nullement ici mise en question. Toutefois, il serait légèrement porté atteinte à son principe si le juge d'instruction, qui n'est pas complétement inamovible, avait le pouvoir de juger *seul*.

2) Page 46.

(3) On oublie trop souvent que l'information criminelle a pour but, autant

mesure préparatoire indispensable, qui ne peut nuire qu'aux coupables. Le secret qu'elle garde n'est pas moins dans l'intérêt de l'accusé, s'il est innocent, que dans l'intérêt de la répression.

Que l'on interroge tous les inculpés, il n'y en a pas un seul, excepté peut-être parmi les inculpés poursuivis pour crimes ou délits politiques, qui ne réclame le secret avec instance comme un bienfait. Avec nos mœurs, la publicité des poursuites, c'est, pour un innocent, une honte imméritée, une vexation et une cruauté inutiles. C'est aussi une prime au *chantage* et aux mauvaises passions, qui exploiteront la crainte de l'audience; aujourd'hui déjà, la dénonciation et les poursuites calomnieuses sont un moyen qu'emploient trop fréquemment la cupidité et la vengeance, et souvent on s'est demandé si, pour y mettre un frein, il ne serait pas utile que toute plainte d'une partie civile fût précédée d'une instruction secrète. Récemment, à l'occasion de la publication des Mémoires de Canler, l'opinion publique s'est émue de la possibilité de la révélation de tous les secrets enfouis dans la poussière des greffes criminels. Il y a des positions sociales pour lesquelles la publicité de l'accusation la moins méritée, est plus redoutable que le châtiment le plus terrible pour certains coupables. Les accusations non fondées, dirigées contre des hommes à qui, si elles eussent été publiques, elles eussent fait perdre et leur position sociale et tout avenir, ne sont pas aussi rares qu'on pourrait le supposer : il n'y a pas un seul juge d'instruction, au tribunal de la Seine, qui ne puisse en citer des exemples. Par suite d'un préjugé injuste, mais contre lequel la loi est impuissante, la justice criminelle flétrit toujours un peu ceux qu'elle touche, même par erreur. C'est déjà un mal assez grand qu'un innocent

de rechercher si l'inculpé est innocent que de le convaincre s'il est coupable. M. le ministre de la justice rappelait encore par une circulaire, il y a peu de jours, que les témoins à décharge doivent toujours être entendus.

puisse être poursuivi ; il ne faut pas aggraver encore ce mal par une publicité anticipée et sans nécessité.

L'instruction des affaires criminelles en audience publique ne pourrait être justifiée que s'il était démontré qu'elle est nécessaire à la découverte de la vérité. Loin d'y être nécessaire, elle rend cette découverte plus difficile dans tous les cas, et souvent impossible.

Une instruction criminelle ne consiste pas seulement dans les interrogatoires des inculpés et des témoins, et la rédaction par écrit de leurs déclarations ; ce n'est pas là que gît la difficulté. Dans toute affaire grave qui laisse des doutes, pour découvrir la vérité, il suffit rarement d'entendre des témoins qui peuvent mentir ou se tromper ; il faut avant tout recueillir tous les indices, toutes les preuves matérielles et morales, qui éclairent un tribunal mieux qu'un témoignage, et qui, seules souvent, peuvent produire l'évidence. La recherche des preuves matérielles et morales est la partie de l'instruction criminelle qui est la plus délicate. Elle exige, non-seulement cette faculté d'intuition qui fait deviner où elles gisent, mais une décision prompte, une exécution immédiate, et surtout le secret avant l'exécution ; car les indices sur lesquels reposent ces preuves sont presque toujours fugitifs et faciles à faire disparaître, et le plus souvent on ne les obtient que parce que leur importance a échappé au coupable, ou à sa famille et à ses amis.

En Angleterre on a donné au juge de police le soin de décerner les mandats et de recevoir les déclarations des témoins et les réponses des inculpés ; mais la recherche des preuves matérielles et morales, l'information réelle est restée dans les attributions de la police ; et il ne pouvait pas en être autrement, c'est une conséquence nécessaire de la publicité de l'instruction par le juge (1).

En France, c'est au juge d'instruction seul qu'appartient

(1) Le juge anglais a le pouvoir, comme le juge français, d'ordonner toutes

le droit d'information dans toute son étendue. Son rôle ne se borne pas à entendre des témoins et à interroger des inculpés. Excepté au moment où le crime et le délit sont flagrants, le juge d'instruction seul a le droit d'ordonner les actes nécessaires pour arriver à la constatation des preuves; les officiers de police judiciaire ne peuvent agir que comme exécutant ses mandements; la police ne peut que prendre des renseignements. S'il fallait informer en audience publique, il est évident que les auditeurs, qui seraient le plus ordinairement les parties intéressées, initiés par le débat à la signification que pourraient prendre certains indices, se hâteraient de les faire disparaître ou de les altérer. Dans un grand nombre de circonstances, il ne serait plus possible de constater la vérité; ou bien, il faudrait, comme les Anglais, donner à la police, pour rechercher les preuves, les droits et les pouvoirs qui sont aujourd'hui réservés aux magistrats. Ce serait une mesure plus grave qu'elle ne peut le paraître au premier abord. C'est à la recherche des preuves que se rattachent les arrestations, les perquisitions, tous les actes d'information qui touchent à la liberté individuelle, à l'inviolabilité du domicile, au secret de la vie privée, de la correspondance, des affaires, à tout ce dont l'homme est le plus jaloux et ce qui lui est le plus cher. Le constable anglais entre, sans *warrant* du juge, dans les habitations pour arrêter des inculpés, pour faire des perquisitions. Il est vrai qu'il agit sous sa propre responsabilité, et qu'il peut être pris à partie; mais il nous paraît douteux qu'en France cette garantie paraisse suffisante, et qu'on y consente jamais à substituer la responsabilité pécuniaire

les mesures d'instruction qu'il juge utiles à la recherche des preuves; mais la police peut aussi agir spontanément sans son concours, et c'est elle ordinairement qui agit et informe d'office: les formalités légales, s'il y en a, sont remplies par le commissaire qui en est le chef. Par ses inspecteurs, elle surveille à l'audience le débat, et quand la preuve ne paraît pas complète, elle demande la remise de l'affaire pour pouvoir la compléter.

d'un sergent de ville à la responsabilité morale des magistrats de l'ordre judiciaire.

Les inconvénients de la publicité de l'instruction se sont depuis longtemps révélés dans la pratique, en Angleterre. Ils deviennent de plus en plus sensibles à mesure qu'augmente cette population de récidivistes dont on y signale avec effroi la récente invasion. On a souvent constaté que, pour les assassinats, la publicité de l'enquête du *coroner* a empêché d'arriver à la découverte ou à l'arrestation du coupable. L'opinion publique commence à demander vivement que cette publicité soit supprimée ; elle le sera dans un temps plus ou moins rapproché. Déjà, même pour les procédures dans les affaires ordinaires, une loi qui date de 1848 a consacré le principe de l'instruction secrète. Cette loi donne en termes formels aux magistrats de police le droit de faire fermer les portes, et déclare que, pour l'instruction des affaires, l'audience n'est pas publique (1). C'est encore un emprunt que nous font les Anglais, un hommage rendu à la sagesse et à la haute raison qui ont présidé à la confection de nos lois. Chose étrange et qui caractérise bien l'instabilité française! c'est au moment où, reconnaissant la supériorité de notre législation, les Anglais

(1) Voici le texte de cette loi et sa traduction. C'est la sec. 19, cap. XLII, 11, 12 Vict. reg., 14 août 1848 : *The room or building in which such justice or justices shall take such examinations and statement as aforesaid, shall not be deemed an open court for that purpose; and it shall be lawful for such justice or justices in his or their discretion, to order that no person shall have access to, or remain in such room or building without the consent or permission of such justice or justices, if it appear to him or them that the ends of justice will be best answered by so doing.* « Le lieu ou l'édifice dans lequel le juge ou les juges « feront les examens et recevront les déclarations (des témoins et des inculpés) « dont il vient d'être parlé ne seront pas considérés comme une audience pu- « blique (littéralement : une Cour ouverte) pour ce qui concerne ces actes ; et le « juge ou les juges pourront, à leur discrétion, ordonner que personne n'en- « trera ou ne restera dans lesdits lieu ou bâtiment sans leur consentement ou « leur permission, s'ils pensent que le but que se propose la justice sera mieux « atteint en agissant ainsi. »

tendent chaque jour à s'en rapprocher davantage, autant que le leur permettent leur constitution et leurs coutumes, que l'on vante en France les institutions mêmes qu'ils modifient chaque jour peu à peu, jusqu'à ce qu'ils puissent s'assimiler les nôtres (1).

Nous avons dit qu'en France l'institution du juge unique n'est qu'une question d'économie, et qu'une chambre correctionnelle de plus, à Paris, rendrait les mêmes services. Nous ne sommes pas allés assez loin ; nous pouvons prédire qu'en l'instituant, on ne réaliserait même pas l'économie d'une chambre, qui ne coute guère plus qu'un juge de police de Londres.

Si l'on veut instituer, en France, le juge unique pour donner à l'expédition des affaires correctionnelles une plus grande rapidité, et diminuer d'une manière notable la durée des détentions préventives, il est nécessaire de lui attribuer une juridiction et des pouvoirs assez étendus. S'il ne s'agissait que de faire juger cinq ou six jours plus tôt quelques vagabonds et quelques mendiants, à qui le juge tient toujours compte du temps de leur détention préventive au moment où il les condamne, ce ne serait pas la peine d'introduire dans notre législation une perturbation aussi grave, aussi radicale. Cette perturbation ne pourrait être justifiée que si elle avait pour résultat, au moins, de désencombrer les audiences correctionnelles pour donner aux juges le temps de juger, et de diminuer le nombre des dossiers dans

(1) L'art. 463 du Code pénal peut aussi être cité comme un exemple de la double tendance que je signale ici. On parle en France de le modifier pour laisser moins de latitude au juge dans la graduation des peines, tandis que l'Angleterre l'adopte en lui donnant encore plus d'extension. Voici la loi anglaise : « Lorsque, par une loi maintenant en vigueur ou qui sera promulguée « dans la suite, il a été fixé un quantum à l'amende ou une durée à l'emprisonnement, il sera permis (*lawful*) aux magistrats de réduire l'amende ou la « durée de l'emprisonnement comme ils le jugeront convenable. » (Sec. 35, cap. LXXI, 2, 3 Vict. reg.)

les cabinets d'instruction pour laisser aux affaires sérieuses le temps aujourd'hui employé à informer sur des affaires sans gravité. A Londres, nous l'avons déjà dit, il y a vingt-sept magistrats de police et les aldermen de la Cité, qui tiennent chaque jour de douze à quinze audiences ; pour atteindre le but que nous venons de préciser, croit-on qu'à Paris il faudra moins de *trois* juges uniques? Si l'on juge immédiatement un certain nombre de délits peu graves, il arrivera à Paris ce qui arrive à Londres (1): on arrêtera un plus grand nombre d'inculpés, ou bien il n'en sera pas relâché un aussi grand nombre, parce qu'il sera plus expéditif de les faire passer sur-le-champ en jugement. Si aux délits peu graves on en ajoute de plus sérieux, le juge unique sera souvent obligé de faire des instructions à l'audience; lorsque les affaires sortiront, où même seulement seront de nature à sortir de sa compétence, il perdra du temps pour recevoir les dépositions et pour les rédiger par écrit comme le fait le juge anglais. Il ne lui serait possible de s'en dispenser que si on lui donnait le droit de renvoyer à l'instruction. Il faut aussi s'attendre à ce que les affaires les moins graves, et à plus forte raison celles qui auront quelque gravité, ne pourront pas toujours être jugées sans désemparer; il faudra ajourner pour prendre des renseignements, pour entendre des témoins, quelquefois pour rechercher les antécédents des inculpés (2).

(1) Voir page 34.

(2) Un des dangers de l'envoi immédiat à l'audience est que, pour un certain nombre d'inculpés, on n'a pas eu le temps de se procurer le casier judiciaire, qui seul peut faire connaître exactement leurs antécédents. Ce fait, qui a peu d'importance lorsque les inculpés sont connus, peut avoir des conséquences très-graves dans certains cas. Les inculpés récidivistes prennent habituellement de faux noms ; j'en ai même vu qui, après avoir commis des crimes graves, se faisaient arrêter et condamner pour vagabondage, ou pour des délits sans gravité, pour dépister les recherches de la police. Les nouvelles mesures prises depuis l'établissement des casiers judiciaires avaient rendu ces fraudes impossibles; elles se reproduiront si, toutes les fois qu'il y a incertitude sur

Si l'on n'avait qu'un seul juge unique, son audience serait bientôt plus surchargée que les audiences des chambres correctionnelles. Une fois que l'on sera entré dans cette voie, trois juges uniques seront à peine suffisants.

Il ne faut que trois juges pour avoir une chambre correctionnelle de plus.

On est enfermé dans ce dilemme : si le juge unique ne fait que cumuler les pouvoirs aujourd'hui divisés entre le juge d'instruction et les chambres correctionnelles, il succombera promptement sous ce fardeau, qui aujourd'hui, malgré la division, écrase un personnel insuffisant, et il faudra instituer un nombre de juges uniques tel, qu'ils ne constitueront plus une économie ; si, au contraire, on donne au juge unique des pouvoirs exceptionnels, tels que le droit de renvoyer les affaires à l'instruction, le droit de condamner sur l'aveu sans audition de témoins, etc., on aura altéré sans motif notre organisation judiciaire ; car ces droits aujourd'hui accordés suffiraient pour rendre inutile l'institution du juge unique.

Quoi que l'on fasse d'ailleurs, jamais des juges uniques ne pourraient complétement remplacer une chambre correctionnelle. Leur compétence devra nécessairement être plus restreinte ; même lorsqu'il y a aveu, certaines affaires sont si graves par elles-mêmes qu'on ne peut les laisser juger par un seul magistrat. En Angleterre, on a réduit leur compétence aux vols dont la valeur ne dépasse pas six francs (*5 shillings*), et encore *quand l'inculpé y consent* (1). Ils peuvent, il est vrai, juger les vols d'une valeur supérieure lorsque l'inculpé le demande et se met à leur

---

les antécédents ou l'identité, on n'attend pas le casier judiciaire. La connaissance parfaite que nous avons en France des antécédents des inculpés, nous est enviée par les Anglais, qui restent désarmés en présence d'une armée de récidivistes dont il leur est souvent impossible de constater les condamnations antérieures.

(1) Voir le texte de la loi anglaise, page 56, note 1.

merci ; mais c'est un pouvoir dont ils ne veulent pas toujours user, parce qu'ils ont compris que lorsque la peine atteint un certain degré, elle ne doit pas être appliquée par un juge unique. En 1859, les magistrats de police, à Londres, n'ont pas jugé un seul vol d'une valeur de 5 shillings et au-dessus, pas un seul vol dans les maisons ; ils les ont tous renvoyés au jury. Ce qu'ils jugent principalement, ce sont les attaques ou menaces de voies de fait (*assaults*) contre des passants ou contre la police, les *pick pockets* et les petits larcins, qui atteignent à Londres un chiffre énorme, et une foule de petits délits et de contraventions inconnus en France, et que, pour la plupart, nos principes en matière de droit pénal ne nous permettraient pas de poursuivre (1). Il ne serait pas prudent d'aller plus loin que l'Angleterre. Si l'on veut avoir en France les juges uniques, on ne pourra leur laisser juger que certaines affaires déterminées, et aux pouvoirs nouveaux dans notre droit criminel qu'il faudra leur attribuer, il sera indispensable d'ajouter le droit de renvoyer aux chambres correctionnelles les affaires dont ils auront été saisis : toutes les fois que l'inculpé le demandera ; toutes les fois que le juge lui-même trouvera l'affaire trop délicate pour statuer ; toutes les fois que la peine devra dépasser un maximum déterminé. Disons-le enfin : si le droit d'appel n'existait pas en France pour les condamnations correctionnelles les plus minimes, il faudrait se hâter de l'introduire dans la loi pour redresser les erreurs possibles du juge unique, soit sur les faits, soit sur la mesure de la peine.

X. — CONCLUSION.

Nous disions, en commençant cette étude comparée de la procédure criminelle en France et en Angleterre, que,

(1) Celles de ces contraventions qui ont leurs analogues en France son ugées par les tribunaux de simple police ; si l'on veut s'en faire une idée com-

contrairement à l'opinion commune, la loi française est plus favorable que la loi anglaise à la liberté individuelle ; qu'elle limite davantage le droit d'ordonner une détention préventive ; qu'elle est en un mot plus libérale que la loi anglaise. Nous l'avons prouvé en faisant connaître les textes par une analyse exacte, et en montrant les résultats pratiques de l'application de ces textes. Nous avons aussi démontré que la réputation de célérité de la procédure anglaise n'est méritée que pour quelques affaires sans gravité ; que cette réputation, pour les affaires graves, ne repose que sur la négation de l'existence de la détention préventive en Angleterre, détention qui existe *en fait*, comme en France, et qui se prolonge, comme en France, lorsque la recherche de la vérité l'exige ; qu'enfin la célérité, là où elle existe, n'est due qu'au nombre des magistrats, et non à la supériorité de la législation. Nous espérons qu'après nous avoir lu, on comprendra que nous ayons écrit que la faveur dont jouit la loi anglaise en France ne lui est acquise que parce qu'elle n'est pas suffisamment connue, et aussi, il faut l'avouer, parce que, même en France, on ne connaît pas bien les lois françaises, surtout les lois sur la procédure criminelle.

L'Angleterre est une grande nation ; nous ne portons pas l'amour et l'admiration de nos institutions jusqu'à l'aveuglement, jusqu'à ne pas reconnaître que, sur un grand nombre de points, il y aurait des emprunts à lui faire ; mais en même temps nous disons qu'il n'y a pas de peuple auquel il soit plus difficile et plus dangereux d'emprunter ses lois,

---

plète, on peut se reporter au livre publié par M. Charles Desmaze, juge d'instruction au Tribunal de la Seine, sous ce titre : *Des contraventions à Londres et de leurs pénalités* (Michel Levy, 1860). Pour mieux faire comprendre les limites de la compétence des magistrats de police à Londres, je donne plus loin, page 100, un relevé de la statistique des condamnations prononcées par eux en 1858, 1859 et 1860, et des affaires qui auraient pu rentrer dans leur compétence, mais qui cependant ont été jugées par le jury auquel il les ont renvoyées.

parce qu'elles se rattachent à une législation spéciale qui ne ressemble en rien à la nôtre; parce que les mœurs et les coutumes y corrigent les vices de ces lois et ce qu'elles ont d'excessif, tandis qu'au contraire, en France, les mœurs et les coutumes tendent à toujours exagérer ce qu'il y a d'imparfait dans les lois. Un grand nombre des lois modernes anglaises ne sont d'ailleurs que des lois de transition. L'Angleterre est en voie de se transformer ; le mouvement de transformation est lent, il est vrai, mais, comme celui du système céleste, il existe et il ne peut être nié. Nous avons indiqué les emprunts qu'il nous semblerait utile de faire à la procédure criminelle anglaise ; il nous paraîtrait dangereux d'aller au delà. Ce que nous avons de plus parfait en France, c'est notre organisation judiciaire ; n'y touchons pas légèrement et n'y introduisons pas un élément de dissolution, pour atteindre un but qui peut être atteint autrement. Ici, ici surtout, craignons de substituer à l'abus que nous voulons prévenir un mal beaucoup plus grand auquel cet abus serait préférable, quelque regrettable qu'il soit.

APPENDICE

Pour mieux faire ressortir quels sont les faits de la compétence du magistrat de police à Londres et les services qu'il rend, et pour mieux faire comprendre quels sont ceux des faits qu'il juge dont n'aurait pas à s'occuper un *juge unique* institué à Paris, j'ai extrait le tableau suivant des *Miscellaneous statistics for the united kingdom*, 1861, pag. 91. Je n'ai pas copié le tableau complet, parce qu'il m'a paru inutile de donner la nomenclature et les chiffres concernant les crimes jugés par le jury, soit aux *quarters sessions*, soit à la cour criminelle centrale. Je n'ai conservé que les faits jugés en partie par le magistrat de police, et en partie renvoyés par lui devant le jury, ainsi que ceux qu'il a jugés seul en totalité. J'ai souligné les délits et les contraventions dont le juge unique n'aurait pas à s'occuper en France. Un seul coup d'œil suffit pour constater que le nombre en est énorme ; quelques-uns de ces délits sont tellement opposés à toutes nos idées en matière de droit pénal qu'ils étonnent, je dirais presque qu'ils affligent. Après avoir tant entendu vanter le respect de la liberté individuelle dans la libre Angleterre, on ne s'explique pas ces emprisonnements *par milliers :* pour moralité suspecte (*suspicious character*), pour immoralité (*disorderly character*), pour suspicion de vol (*reputed thieves*), pour possession de marchandises qualifiée illégale (*unlawful possession of goods*), pour de simples contraventions. Nous ne faisons pas si bon marché en France de la liberté individuelle, quoique nous en parlions moins.

Je n'ai pas indiqué le nombre des inculpés jugés pour crimes et délits par le jury, cependant j'ai ajouté, à la fin du tableau, les chiffres du total général dans lesquels ils sont compris, tels que les donne la statistique. Ces chiffres justifient ce que j'ai dit du nombre considérable, à Londres, des arrestations suivies de mises en liberté. Je n'ai pas cru nécessaire de faire les additions partielles des délits et des contraventions, ces additions n'ayant aucun intérêt pour la question actuelle.

Nature des Délits dont étaient inculpées les personnes qui ont été emprisonnées *(Taken in custody)* par la police métropolitaine, et résultats de leur comparution devant les magistrats dans chacune des années 1858, 1859, 1860.

NATURE DES DÉLITS	MIS EN PRISON			RENVOYÉS par LES MAGISTRATS			JUGÉS sommairement PAR LE MAGISTRAT SEUL			MIS EN PRISON jusqu'au jugement PAR LE JURY		
	1858	1859	1860	1858	1859	1860	1858	1859	1860	1858	1859	1860
Attaques et menaces *(assaults)*	7.090	6.960	6.326	3.519	3.342	3.075	3.519	3.548	3.207	52	70	44
» » contre la police	3.544	2.934	2.700	234	187	174	3.270	2.709	2.494	40	38	32
Tentatives de suicide	300	282	262	270	257	237	30	22	20	»	3	5
Vols, maisons non habitées. Valeur, 5 *shillings*	106	158	123	33	51	33	»	11	»	73	96	90
» maisons habitées	26	101	53	15	75	39	»	19	»	11	7	14
» sur les personnes	1.980	2.506	2.391	1.649	1.559	1.515	»	580	476	331	367	400
» par domestiques	433	645	746	255	246	266	»	197	270	178	202	210
» ordinaires	5.483	7.684	7.950	4.684	3.709	3.883	»	3.063	3.126	790	912	941
Tentatives de vol	818	774	635	325	302	251	467	429	333	26	43	51
Immoralité (Disorderly characters)	2.994	2.433	2.447	1.607	1.264	1.216	1.384	1.169	1.230	3	»	1
Filles publiques	4.890	4.242	3.734	1.935	1.622	1.509	2.946	2.614	2.224	9	6	1
Attentats à la pudeur	100	100	103	29	34	35	69	65	67	2	1	1
Menaces par écrit	1	3	»	»	»	»	»	2	»	1	1	»
Vagabondage	3.420	2.576	2.753	1.410	1.077	1.282	2.008	1.497	1.470	2	2	1

CONTRAVENTIONS OU DÉLITS JUGÉS EN TOTALITÉ PAR LE MAGISTRAT SEUL :												
Tentatives d'évasion de prison	411	347	276	132	89	80	279	258	196	»	»	»
Obstacles au service de la police	81	87	88	23	14	16	58	73	72	»	»	»
Prêt sur gages illégal	114	170	185	29	48	53	85	122	132	»	»	»
Possession non justifiée de marchandises	7.261	1.754	1.809	»	»	»	7.261	1.754	1.809	»	»	»
Fuite d'apprentis	74	56	69	28	18	26	46	38	43	»	»	»
Déserteurs	1.421	829	882	195	106	110	1.226	723	772	»	»	»
Abandon de sa famille	284	214	214	127	97	82	157	117	132	»	»	»
Ivresse.— Ivresse et immoralité	20.829	18.779	18.199	12.663	10.695	10.632	8.166	8.084	7.567	»	»	»
Tentative pour obtenir une place sous une fausse qualité	10	12	8	3	1	2	7	11	6	»	»	»
Dommages causés à autrui	18	42	20	5	4	7	13	38	13	»	»	»
Réputés voleurs (Reputed thieves)	332	205	203	»	»	»	332	205	203	»	»	»
Moralité suspecte (Suspicious characters)	2.862	2.410	2.429	2.155	1.794	1.814	707	616	615	»	»	»
Contrebande	108	110	99	20	17	13	88	93	86	»	»	»
Délits par des enfants au-dessous de 14 ans	310	233	224	»	»	»	310	233	224	»	»	»
Contraventions sur : la rapidité des voitures, la distillation, le colportage, le jeu, les théâtres, les règlements sur les voitures, la voierie, la milice, les chemins de fer et divers règlements de police	3.043	2.450	2.901	1.209	982	1.112	1.834	1.468	1.338	»	»	»
Chasse au faucon et braconnage	18	15	23	9	7	13	9	8	10	»	»	»
	....	....	....	....	....	....	....	....	....	...	...	...
TOTAL pour les crimes, délits, etc.	74.360	64.281	62.937	35.494	29.863	29.717	36.212	31.565	30.407	2.654	2.853	2.813

Ces documents ne seraient pas complets, si l'on ne connaissait pas la nature des condamnations prononcées par les magistrats de police. Elles se résument ainsi :

	1858	1859	1860
Condamnés à la prison de un jour à six mois	14,382—	11,026—	10,290
— A l'amende	20,474—	19,034—	18,409
— A donner caution de bonne conduite	1,346—	1,365—	1,341
Envoyés aux pénitenciers	» —	137—	360
Fouettés et ensuite acquittés	10—	3—	7
	36,212—	31,565—	30,407

Outre la condamnation à la prison, ont été *fouettés* aux termes du statut sur les enfants au-dessous de quatorze ans, *juvenile offenders :* 205 jeunes garçons en 1858 ; 118 en 1859 et 118 en 1860. *(Mniscell. stat.*, page 93.)

TABLE

FIN.

17044 Paris. Imp. Renou et Maulde, rue de Rivoli 144.

Paris.—Imprimerie de COSSE et J. DUMAINE, rue Christine, 2.

www.ingramcontent.com/pod-product-compliance
Ingram Content Group UK Ltd.
Pitfield, Milton Keynes, MK11 3LW, UK
UKHW031921260826
14628UKWH00003B/1337

9 782011 911971